JN126931

現象のデザイン

―自然美が出現する庭をつくる―

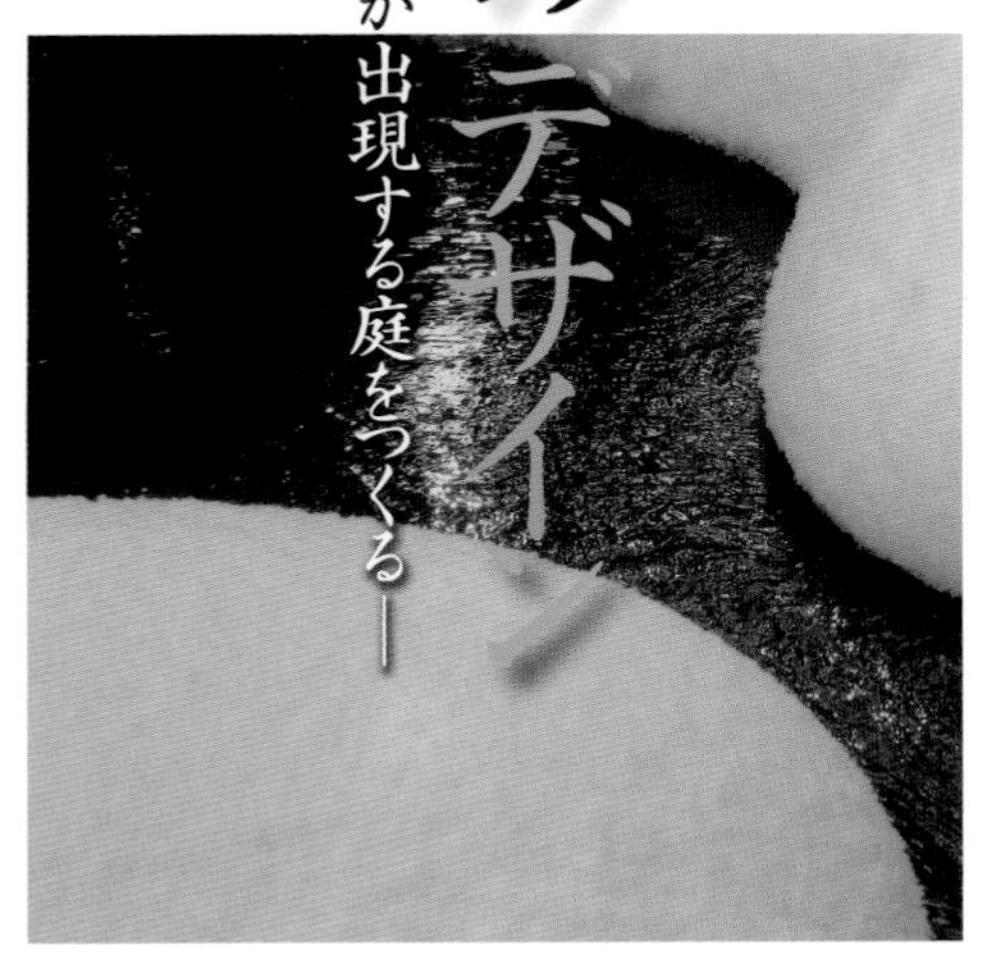

埴生 雅章 著

萌文社

実験庭園

水雪の小庭
―現象を楽しむ

①消雪水による積雪の造形
②水上に丸みのある冠雪が出現
③波によって千変万化する空の光
④波の発生と空の光の反射
⑤実験庭園（全景）

本文：第1章

空間造形

空に遊ぶ形
—風と共につくる

⑥朝日による光と影
⑦夕空に羽ばたく
⑧風に揺らぐ
⑨雨風の日の様相
⑩公園の広場に設置した造形

本文：第２章

卓上板庭

天地の気配——卓上に自然を招く

⑪濡れた鋼板に映る空
⑫水たまりにできる波紋の重なり
⑬水玉の出現（プラダン板、散水）
⑭卓上の造形と現象の出現

本文：第３章

水中板庭

水底の影に——光と水の出会いの様相を見る

⑮

⑯

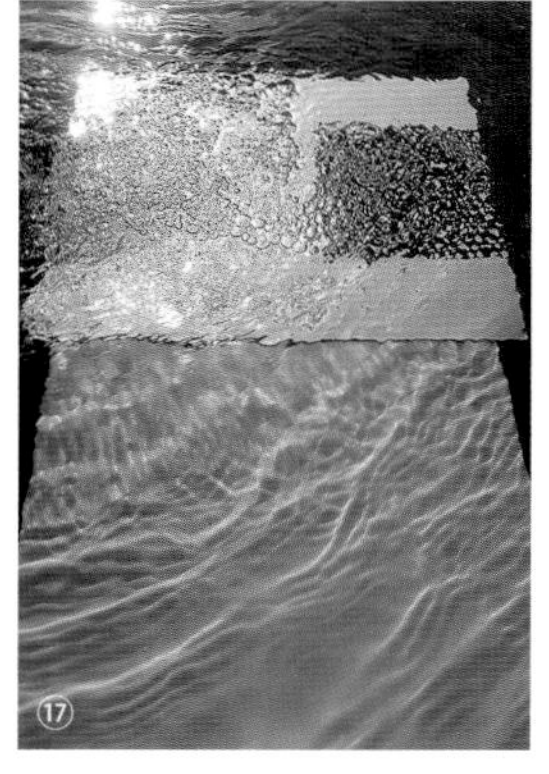

⑰

⑱

⑮五色の光の乱舞（白板を使用）
⑯⑰異なる素材の板で試みる（青い部分はステンレス鏡面板に映る青空の色）
⑱モミジの紅葉が映り込む（ステンレス鏡面板）

本文：第４章

地形を活かす造景

⑲地形を活かした赤土の庭
⑳堤防と空（風景の切れとつなぎ）
㉑谷間の地形を生かした花園
（花はヘメロカリス）
㉒地形を生かした苔の庭（自宅庭園）

（⑲㉑富山県民公園太閤山ランド）

※ 本文：第５章(5) 地形を活かす
第６章(2) ノスチ

㉒

州浜形の出現

㉓

㉔

㉕

㉖

㉓干潮時の海浜に見られる州浜
㉔残雪の州浜形
㉕舗装面の濡れ乾き模様の州浜形
㉖河原の小石による州浜

※ 本文：第６章（3）スハマ1、第７章（5）州浜の生成

水面による造景
─水鏡の効果

㉙満潮時の厳島神社（広島県）
㉚田植前の水田

※ 本文：第５章（7）水面の力
　　　　第７章（7）天地の間に

㉗都市の水鏡（富岩運河環水公園［富山県］）
㉘空を映す水たまり

現象を活かしたアート作品

㉛ジェイムズ・タレル「光の館」
（新潟県越後妻有）
天井に開いた窓から空を望む
㉜レアンドロ・エルリッヒ
「レアンドロのプール」
（金沢 21 世紀美術館）
地下室の壁に投影される
水面透過光のゆらぎ
㉝中谷芙二子「霧の彫刻」
（岐阜県美術館）
人工霧による造形

※ 本文：第７章（4）造形と自然

はじめに

庭は人がつくることと、自然がなすことの双方が重なってできる空間である。庭に木を植えるのは人であるが、育つのは自然の力によってである。どのような庭でもこの両面がある。しかし、つくることに力点がある場合と、自然がなすことに力点を置く場合とでは、庭のあり方は相当に違ったものになる。

本書は、この後者の庭のあり方、すなわち自然の現象を活かすことに主眼を置いた庭としてはどのようなものが考えられるだろうか、という問いに自ら答えようとした試みと思索の記録である。私が考えるその庭のイメージは、自然美がおのずから出現する庭、身の回りに生じるさまざまな自然現象の美しさを発見できる庭ということになるように思われる。

このような「自然美が出現する庭」のつくり方は、中心となる庭の景は自然の現象の出現に任せ、作者は現象がうまく現われるようなしかけを用意し、周囲の環境や場の設定を行なうという方法になる。しかし、自然に任せるといっても、どのような方法をとればよいのかが問題である。

自然は時に庭のような風景をつくり出す。例えば、富山県の黒部川源流の雲ノ平付近の岩とハイマツと高山植物が織りなす景観は自然がつくったお庭と見なされ、スイス庭園やギリシア庭園などという名が付けられている。河原でも砂、石、草がつくり出す庭のような場所を見つけることができる。しかし、ここでは身近なところ、例えば自分の家の庭先などで「自然美が出現する庭」が可能かどうかを問題とする。また、その庭を見る人にとって、例えば、美しい、面白い、発見、驚き、感銘などといった価値を伴うかどうかも課題である。

具体的にどのようにすればそのようなことが可能となるであろうか。この「自然美が出現する庭」に該当するものとして、近年には、

1　自宅の庭で気象の変化を観察する小広場〈実験庭園〉
2　公共の野外空間へ出かけての、風に感応する〈空間造形〉
3　庭先の卓上に自然の変化を感知する〈卓上板庭（たくじょういたにわ）〉
4　清水が注ぐ水盤の中で光の現象を見る〈水中板庭（すいちゅういたにわ）〉

などの制作・設置と観察を試みた。

庭のスタイルという点からすれば、1は庭園内庭園（舗装の庭）、2は公園内庭園（仮設の庭）と言えるもの、3と4は箱庭ならぬ板庭（庭園と絵画の中間的なスタイル、あるいは庭の実験模型）とでも呼ぶべきもので、3は卓上の板庭、4は水中の板庭である。

本書の第Ⅰ部では、そのような試みによって庭に出現した自然美を写真によって表現しようとした。四つの方法別に「実験、出遊、感知、邂逅」と題して章を構成した。

第Ⅱ部の5～7章では、「自然美が出現する庭」をめぐってこれまで考えてきたことを、三つの異なる視点からエッセイとしてまとめた。

「第5章　現象を活かす——公園での試み再考」は、過去に体験した仕事（かつて富山県の職員として担当した都市公園の実務など）のうち、現象を活かす造景の観点から見て興味深いものを選び、今の時点で再考したものである。

「第6章　庭の始まり——古語に探る」では、古代の言葉や過去の日本の造形文化を手掛かりに、神道の視点も取り入れ、庭という空間の特質や古代の人々の現象のとらえ方を探ろうとした。

「第7章　庭の転換——地球が造る」では、造形と自然とのかかわりや、現象を活かす造景のあり方について考えた。制作のための覚書であるが、庭のあり方の一つの提案でもある。

最終の「第8章　現象のデザイン——発想と方法」では、自然美が出現する庭の考え方と方法についてまとめた。

庭をつくることは一般に造園とか作庭、あるいは庭づくりという言葉で表現されるが、本書では主に「造景」という語を用いている。自然による造形と人間による造形が重なったところに出現するものとして「景」をつくるという意味である。「現象のデザイン」という表現もこの「造景」の意味で用いている。

この本が求めようとしているものは、現代の庭と自然との新たな結びつきである。そのような試みの一つとして、本書が読者の皆さんにとって何がしか意味のあるものとなれば望外の幸せである。

2020年9月20日

埴生　雅章

目次

写真・図版の出所一覧

〈写真〉

•雪のシンボル造形［p.73］	富山県土木部都市計画課提供
•「雪美の庭」全景［p.74］	同上
•州浜形手鉢［p.115］	『日本陶磁大系12、織部』平凡社、1989年
•能舞台［p.121］	石川県立能楽堂HPより https://noh-theater.jp/

※そのほかの写真はすべて著者撮影によるもの

〈図版〉

図1	ボロブドールの平面図［p.62］	大林太良 編『世界の大遺跡12　アンコールとボロブドゥール』講談社、1987年
図2	環水公園立地場所の 水面の変遷［p.88］	『とやまの土木2018』富山県土木部建設技術企画課
図3	富岩運河環水公園［p.89］	富山県土木部都市計画課提供
図4	東山遊楽図屏風（高津古文化会館蔵）に見られる州浜台（島台）［p.113］	https://commons.wikimedia.org/の画像を参考に筆者作成
図5	州浜文様（平家納経）［p.113］	小松茂美『平家納経』（戎光祥出版、2012年）を参考に筆者作成
図6	州浜紋［p.113］	きものと悉皆みなぎHPより http://minagi.p-kit.com/
図7	浜松図屏風 （里見家蔵、室町時代）［p.114］	東京国立博物館 他 編集『室町時代の屏風絵』（朝日新聞社、1989年）を参考に筆者作成
図8	州浜座［p.115］	http://elvis60.blog44.fc2.com/を参考に筆者作成
図9	青木 繁「わだつみのいろこの宮」［p.133］	『新潮日本美術文庫32　青木 繁』新潮社、2009年
図10	本阿弥光悦「不二山」［p.174］	サンリツ服部美術館の画像を参考に筆者作成

第Ⅰ部　「自然美が出現する庭」の試み

〈実験庭園〉

水雪(みずゆき)の小庭(こにわ)

2004-2018

第1章　実験——現象を楽しむ

自宅の庭の一角に〈実験庭園〉と称する小スペースを設けた。散水設備を組み込んだタイル張りの小広場で、冬には水を流して雪を造形し雪見の庭とする、夏には水を溜めて涼しい水の庭とするなど、四季の自然現象の楽しみ方を見い出すことをねらいとした。

使ってみてわかったのは、降雪時に消雪水を働かせて積雪の形をある程度意図的につくり出せること、ときには予期せぬ美しい積雪の形が出現することである。

また、雪だけでなく、水面の波光・ゆらぎ・水鏡・雨粒の波紋、太陽の光と影などの現象も、鑑賞の対象となることがわかってきた。身の回りに起きる現象を観察して、そこに自然美を見い出そうとする庭の楽しみ方の発見である。

一時的に水を流す・溜める、物を置くなどの造形的な働きかけによって、新たな現象が出現する可能性が生まれる。現象と造形の重なりの中に自然美の出現を期待するのである。

必要な時だけ水を溜めるという方法によって庭の維持管理が容易になる。現象を美しく見せるには清掃が肝要であり、その都度、新しいキャンバスとして庭の面を整え、現象の出現※を待つことが求められる。

※「清掃と現象の出現」に関しては、〔第Ⅱ部 第6章 庭の始まり（5）タマシキ 参照〕

自宅に設けた現象出現の庭

2	1
3	
4	

写真1　散水しながら水盤部を清掃（水盤部の広さ2.2×3.9ｍ）

写真2　水を溜めた状態（水深0〜4cm）夏は水と緑の庭となり、子どもの水遊びの場ともなる。

写真3　パイプから水を注ぎ湛水（たんすい）

写真4　消雪水を作用させて雪を造形

地面から水面へ

5
6
7

写真5　庭の地面（タイル舗装）に落ちる樹影

写真6　水を溜めると水鏡へと変化する。（地水転換）

写真7　湛水時には水面の庭となり、さざ波、波光（波頭にきらめく光）が見られる。

水鏡のゆらぎ

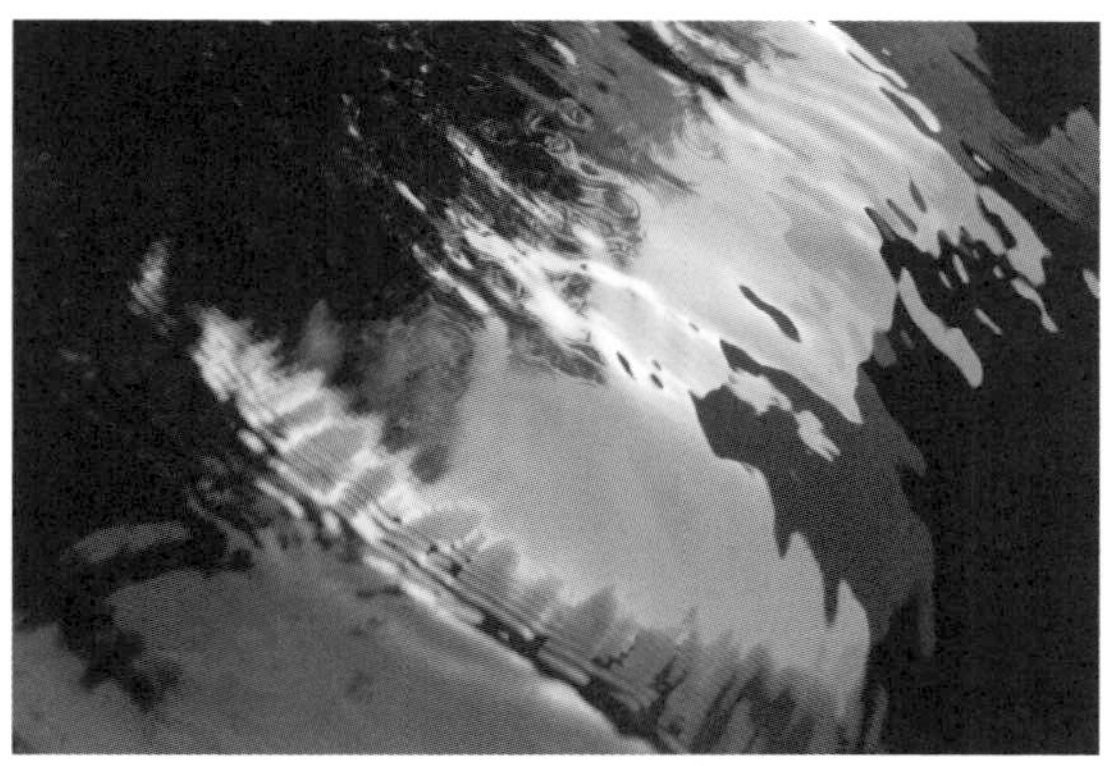

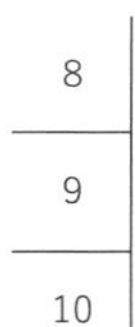

写真8　波に映る空は
揺れ動く光の帯となって現われる。

写真9　空の光は動く絵画となる。

写真10　千変万化する波と光の形

雪と水の造形

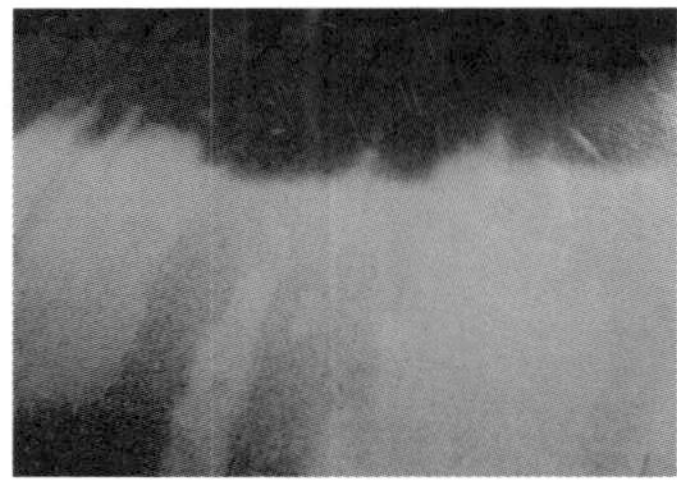

消雪水の作用と
気象条件に応じて
さまざまな積雪の形が出現し、変化していく。

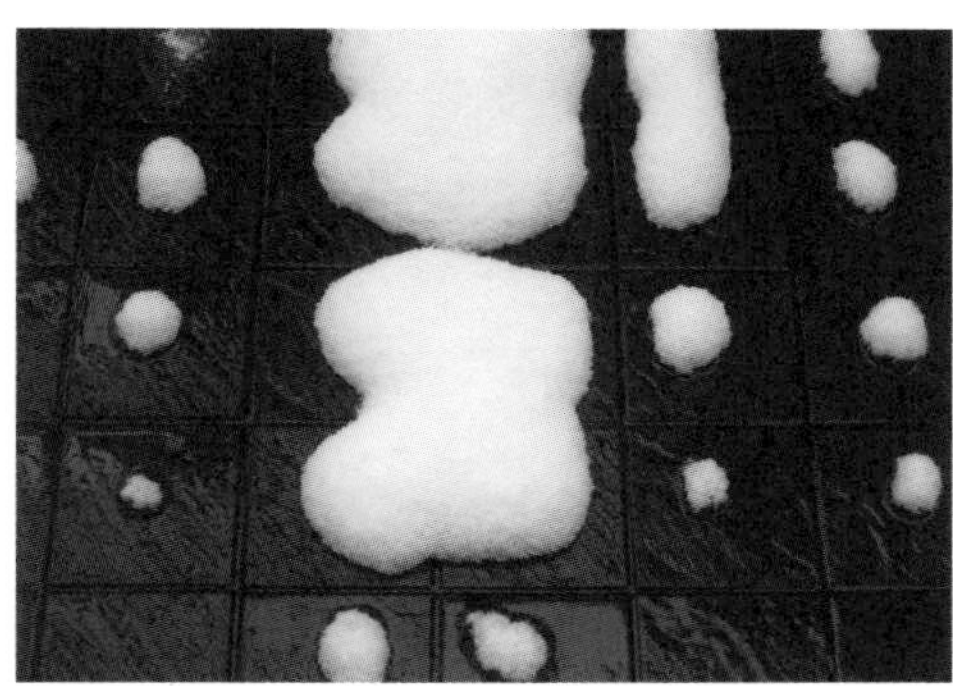

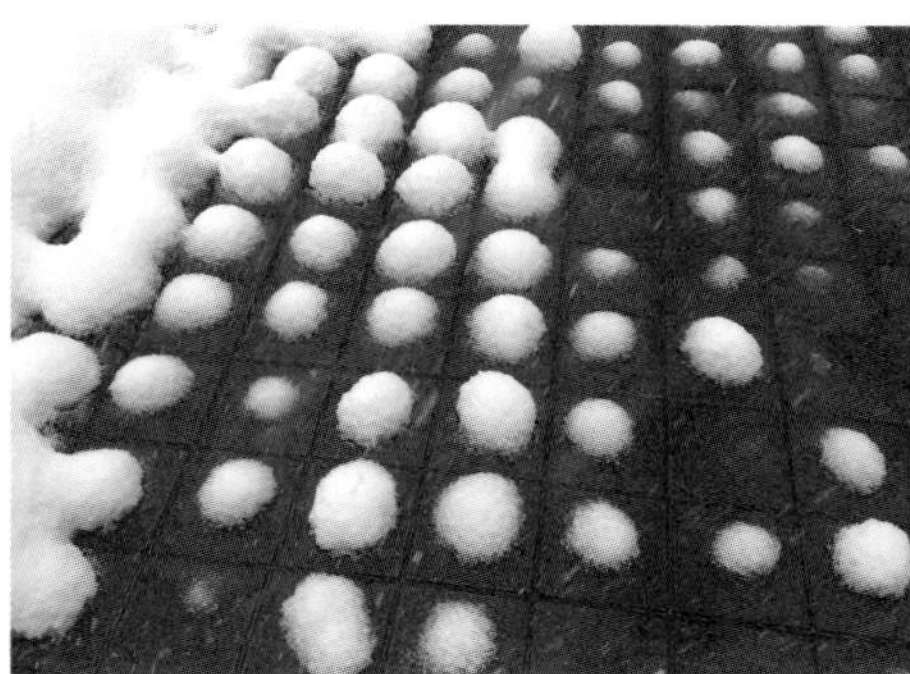

写真11
積雪への水の染み込み

写真12、13
消雪水の流れの形が出現

写真14
タイル上に
大小の冠雪が形成

写真15、16
タイル上に
小さな冠雪が出現

写真17～19
水上に丸みを帯びた
大きな冠雪が出現

16	15
18	17
19	

11	
13	12
14	

水面と小石の庭

小石を並べ、
水を張り、
そこに光や影、
雨や風の訪れを待つ。

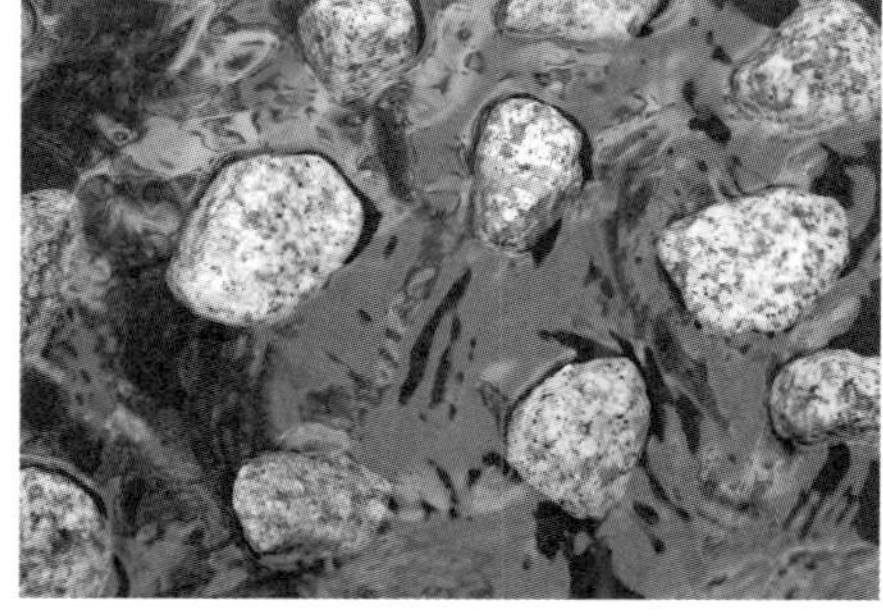

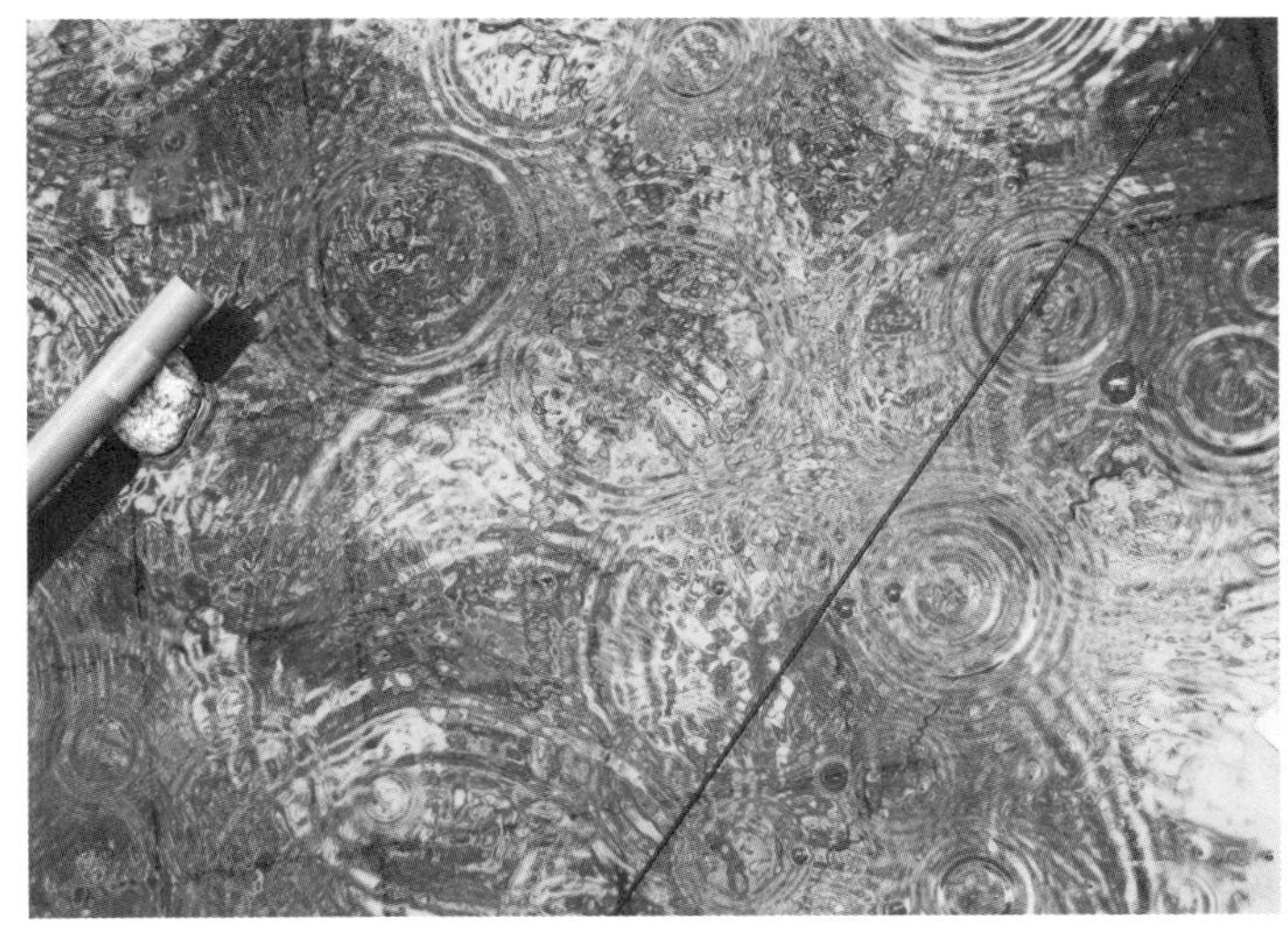

20 / 22 21 / 23

写真20～23
小石の配置と水面の状態の組み合わせによる変化

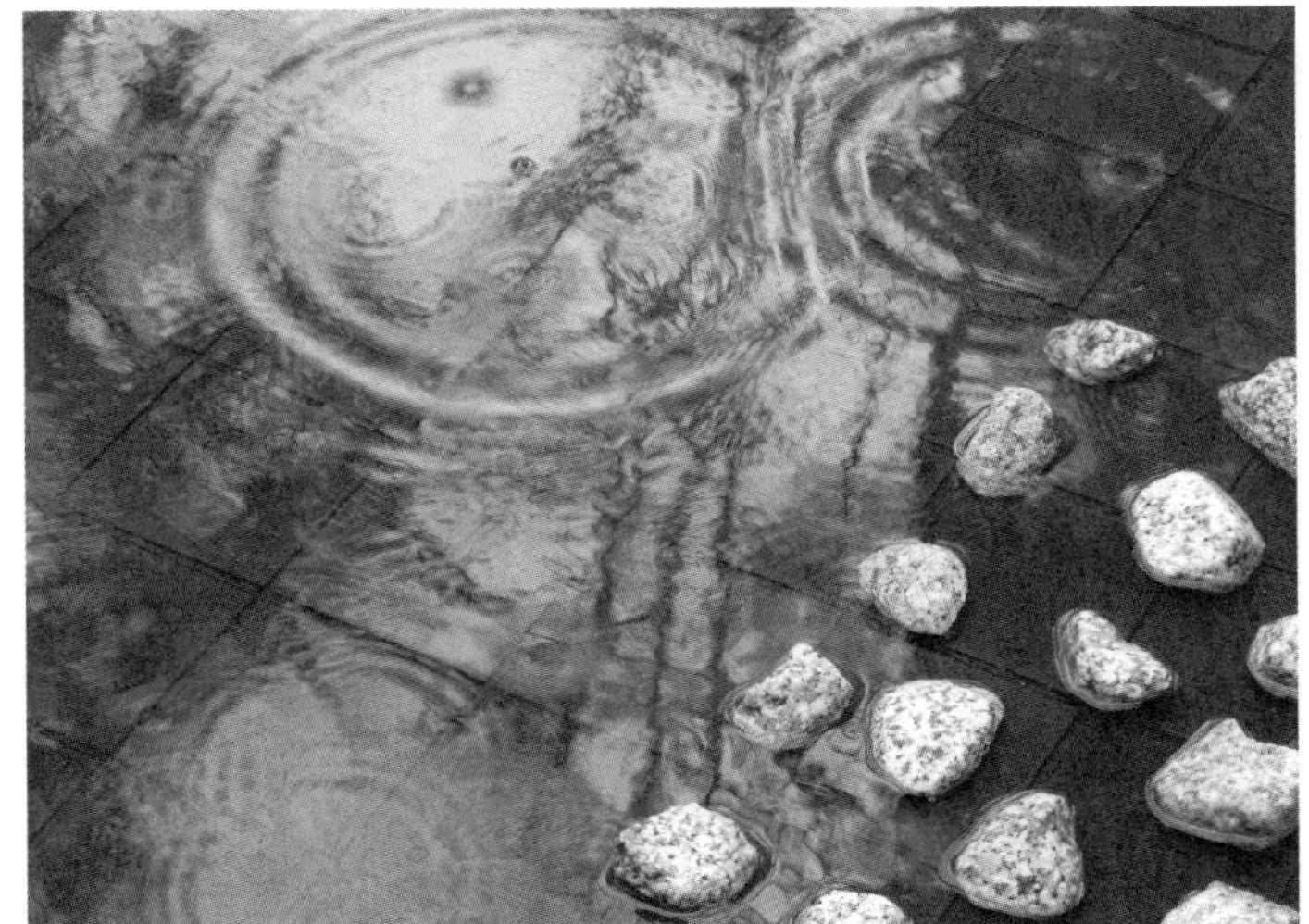

24 / 25

写真24、25
雨天時には水面に波紋のパターンが出現
造形物を加えることで表情が変化

光と影の庭

時間帯による太陽光の変化
光と影を受ける場の設定
などによって、
さまざまな景が出現する。

26

写真26
白布を用いた光と影による造景
・白布に映る木の影
・水底に落ちる木の影
・白布に遮られた影の部分の水鏡に映る木と空
これらが組み合わさり
光と水の庭が出現

27
29 28

写真27
木漏れ日（白い箱に受ける）
写真28
朝日による樹影
（キャンバスに受ける）
写真29
日中の木漏れ日（同前）

第2章

出遊(しゅつゆう)——風と共につくる

〈空間造形〉

空(そら)に遊(あそ)ぶ形(かたち)

2014

２０１４年、クロスランドおやべ（富山県小矢部市）で開催された空間造形展に自作のインスタレーション[※1]「空に遊ぶ形」を設置した。空間を囲い、風に感応する布の造形を取り入れた仮設の〈空間造形〉作品である。

この作品は風や雲や雨などの気象変化、朝昼夕の自然光の変化に応じ、その様相が移り変わった。特に白布は、風に揺れる・そよぐ・翻る・はためくなどさまざまな動きを見せ、造形の主役となった。

布の造形を置いた正方形の地面は砂利を敷き詰め、神聖な庭のような趣きを表現しようとした。中央の鏡（ステンレス鏡面板）と水を満たした皿（水鏡）は作品と空模様の変化を映し出した。

作者がつくる造形は現象が出現するための「しかけ」（もの）であり、それを会場に置いた時点から自然との共働作品（もの＋こと）となる。

作品の様相は気象や時刻によって変化し続け、完成ということはない。「しかけ」の設定は作者が行なうが、そこから先は大気の流れが造形の主であり、布はその流れに乗って空に「遊ぶ」[※2]のである。

※1　現代の美術用語の一つで、英語ではinstallation。物体等を配置して、ある状況を設定し、その展示空間全体を作品とする手法。

※2　漢字「遊」の原義は「氏族の標識として旗を掲げて、氏族神とともに出行すること」で、神の「出遊」を意味する（白川静）という。〔第Ⅱ部　第6章　庭の始まり　（8）カゼ　参照〕

公園に設けた風に感応する庭

写真30 作品の構想（模型による検討）

写真31、32 インスタレーション作品としての制作（「空間造形展２０１４」クロスランドおやべ）

写真33 風を受けて変化し始める様相（同右）

31	30
32	
33	

静と動

写真34、35
庭の中心に置いたステンレス板と水盤
白布の動きを映し出し、風・雨で表情が変化

写真36
砂利敷きの庭の「静」と白布の「動」の対比

はためく白布

37

38

39

写真37～39　風に感応し、空中を生き物のように泳ぐ白布

風と光の来訪

40
―――
41

写真40、41
風でゆらぐ白布に朝日が差し、
光と影の効果が出現

水面に映る

42 ― 43 ― 44

写真42～44
雨や散水によって作品の周囲にできた干潟状の水たまり。その水面による水鏡効果の発生

第3章

感知(かんち)——卓上に自然を招く

庭先の卓上に天気(天象、気象)など日々刻々と変化する自然の様相を眺められないかと考えた。

そこで実験庭園を縮めて板状にし、これを卓上に置いた形とした。箱庭ならぬ〈板庭〉である。箱庭は人がつくるものであるが、この板庭は野外に置いて自然につくってもらう。自然の現象を卓上に招くものである。

その形状は平面的で絵画に似るが、野外にあって日光や風雨にさらされ、自然の環境変化と共にあるという点では庭園に似ており、絵画と庭園の中間的形態と言える。

この板上に、天から到来する日光、気象の変化がもたらす雨、露、霜、雪、氷などの現象を受け入れ、そこに出現するものの姿・形を観察する。

さらには水で濡らす、水たまりをつくる、土砂を流す、物を置くなどの働きかけを行なうことで、観察できる現象の幅が広がる。

卓上で対象を間近に細かく観察することができるため、自然の形の美しさをあらためて発見して驚いたり、自然との一体感が得られたりする利点がある。サイズは小さく、しかけは簡単だが、地球の営みの一端を「感知」できる〈卓上板庭〉※をめざしたい。

※卓は神を象徴する形であったとされる。〔第II部 第6章 庭の始まり (8)カゼ 参照〕

〈卓上板庭(たくじょういたにわ)〉

天地(あめつち)の気配(けはい)

2018-2019

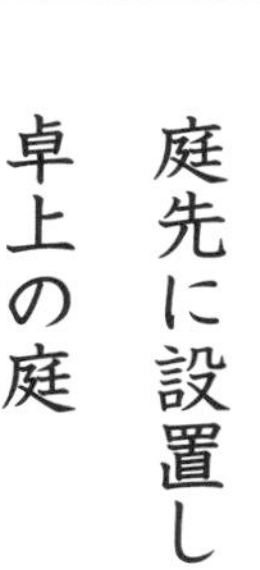

庭先に設置した卓上の庭

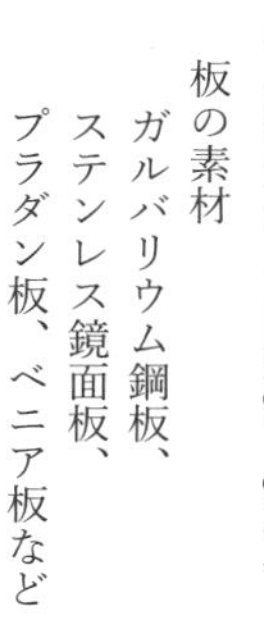

卓上板（大きさは約90×90㎝）

板の素材

ガルバリウム鋼板、ステンレス鏡面板、プラダン板、ベニア板など

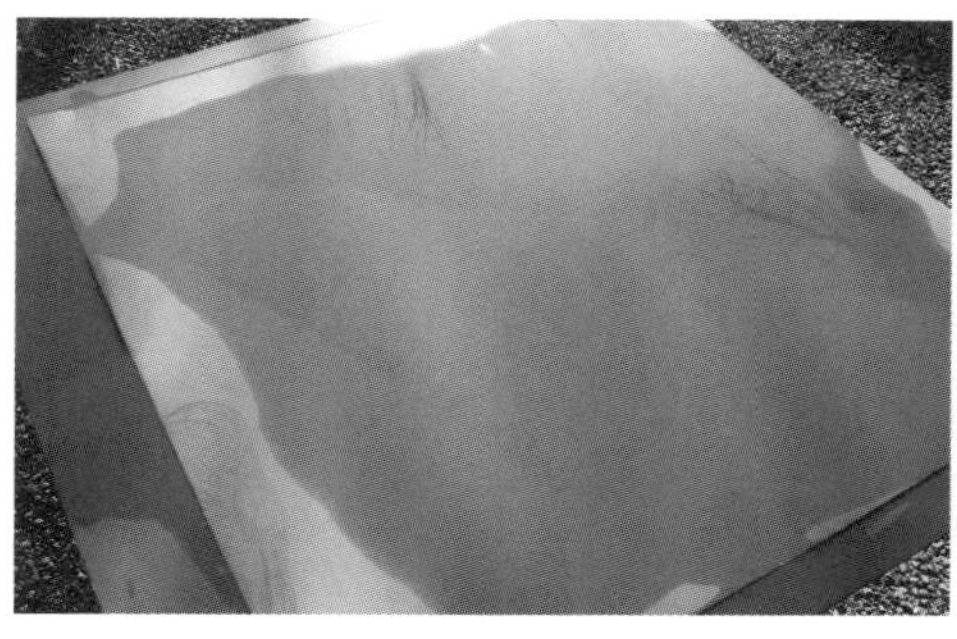

46	45
47	
48	

写真45 空の映り込み（水で濡らすことによる水鏡効果）

写真46 濡れ乾きのパターン（その形は刻々と変化）

写真47 積雪の出現（物を置くことで表情が変化）

写真48 粘土水によるパターン（水と粘土を素材として重力が描く形）

卓上の空

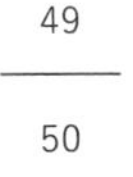

写真49、50
鏡面を雲が渡る
（ステンレス鏡面板）

空を映す水鏡

	51	
53		52
	54	

写真51〜53
鋼板の濡れと水たまりによる水鏡効果

写真54
水鏡に映る物の影と日陰による影が二重に出現

水玉と水たまり

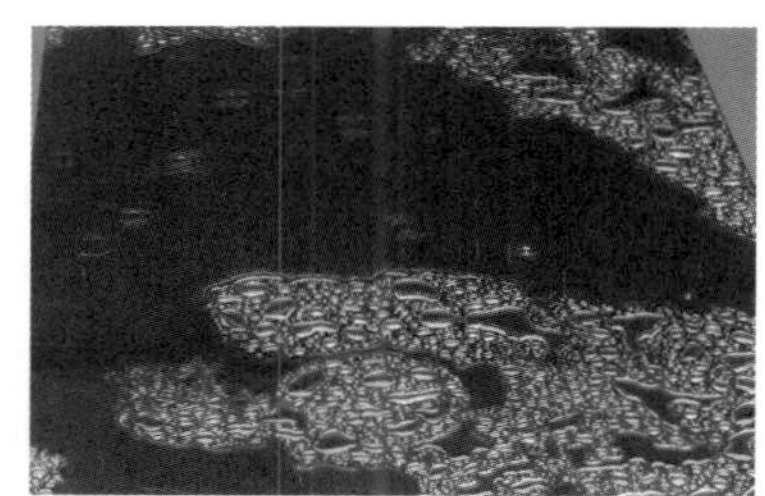

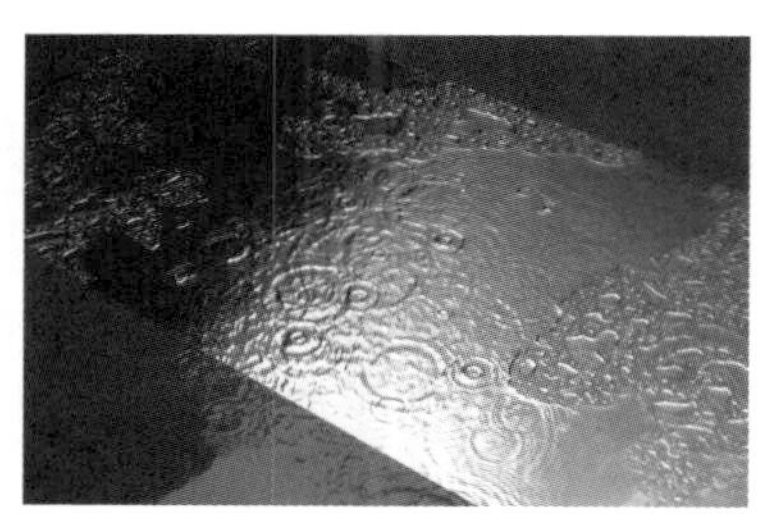

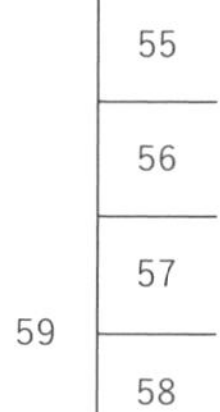

写真55、56
水玉の形成

写真57〜59
水玉から水たまりへ

雨が描く

写真60〜64
雨滴の着水現象を間近に眺める。
（着水後、柱状、王冠状の水の立ち上がりが見られる）

60	
62	61
64	63

冬の気象を見る

晩秋から初冬にかけて、気温が低下する朝には露、霜、氷などの現象が卓上に出現

66	65
68	67

写真65、66　露
写真67　霜
写真68　氷

積雪の出現

卓上に出現し、変化する積雪

70	69
72	71

写真69　霰

写真70　薄雪

写真71　積もる雪

写真72　消える雪

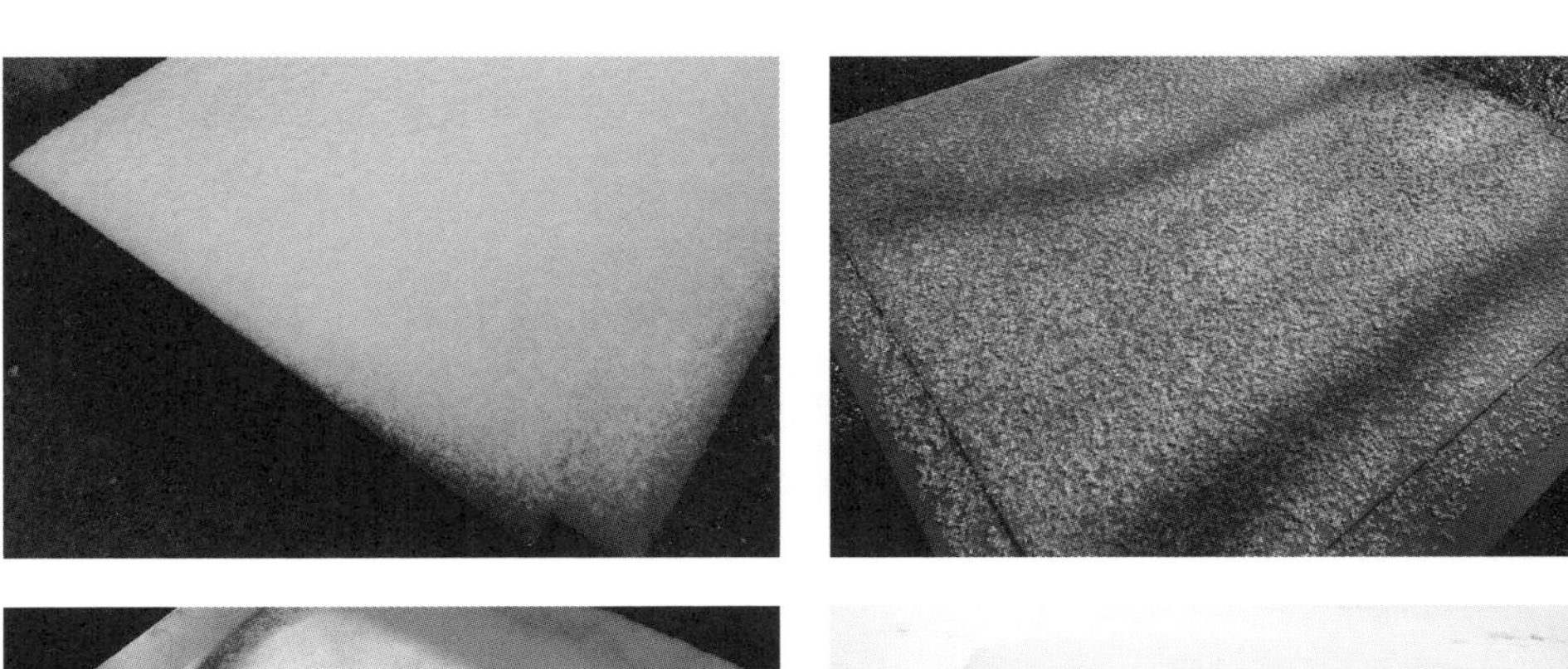

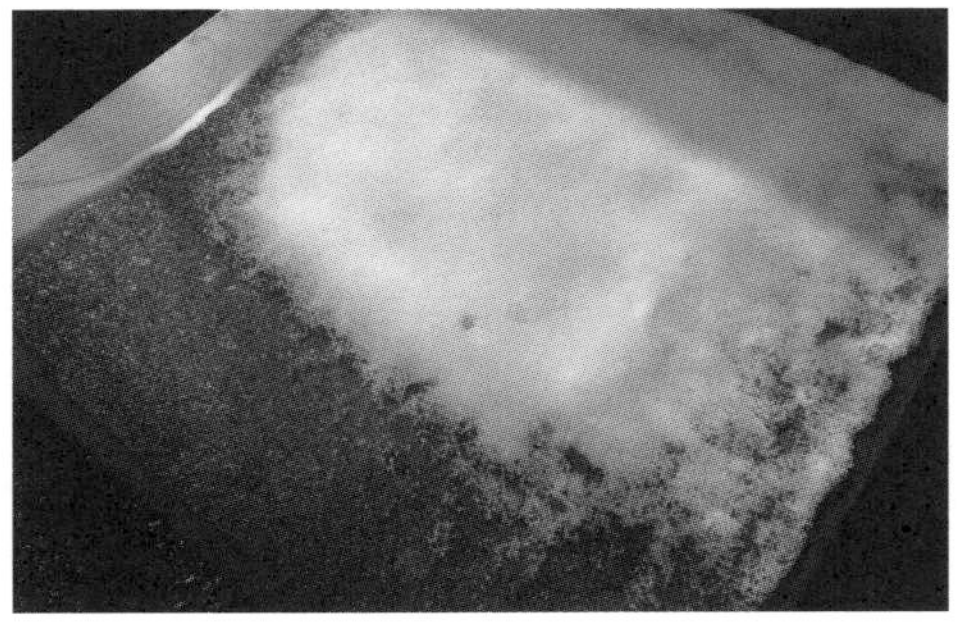

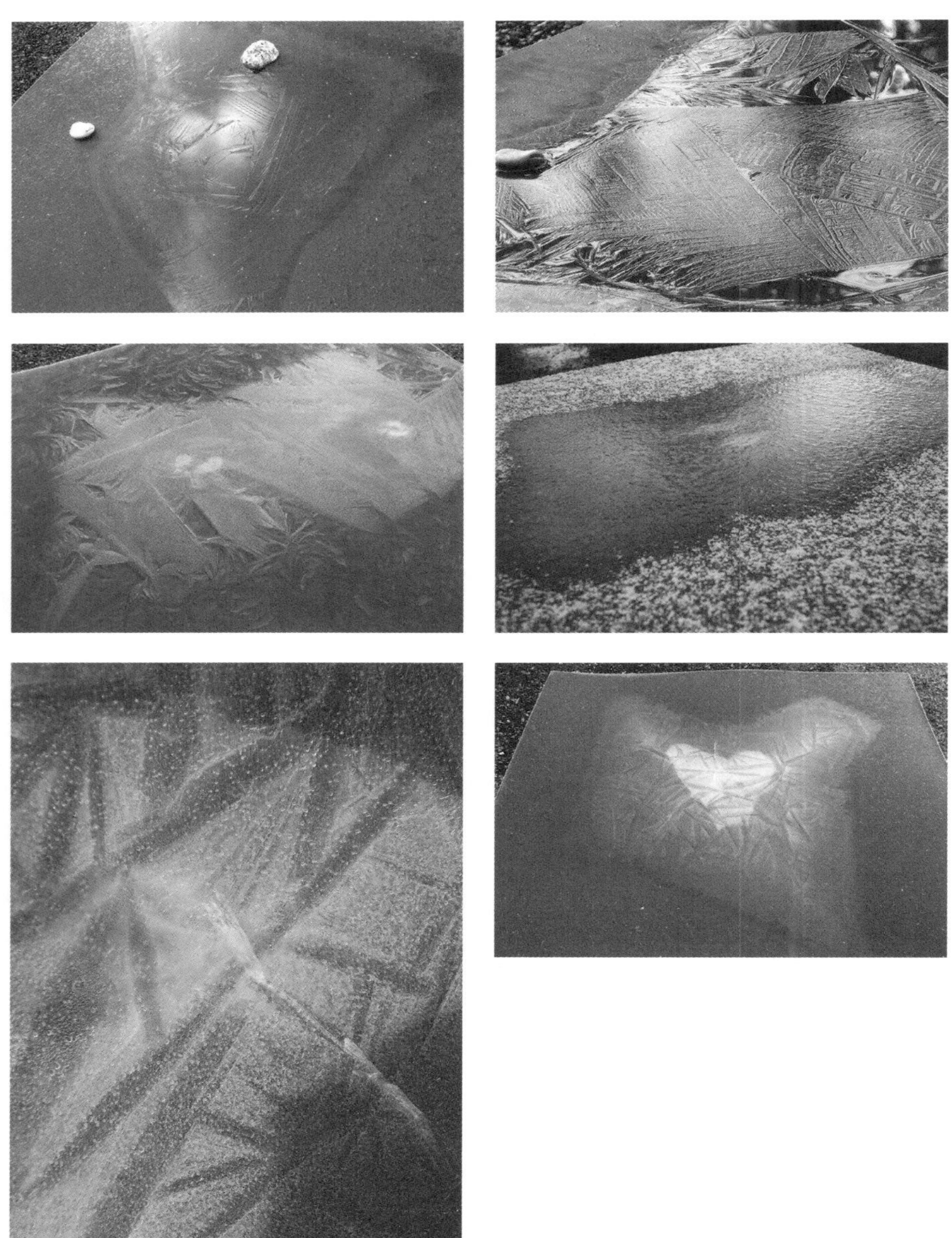

薄氷の模様

零下に冷え込んだ朝、
卓上の水たまりにできた薄氷を見る。
その模様は変化に富み、
自然の造形美の発見がある。

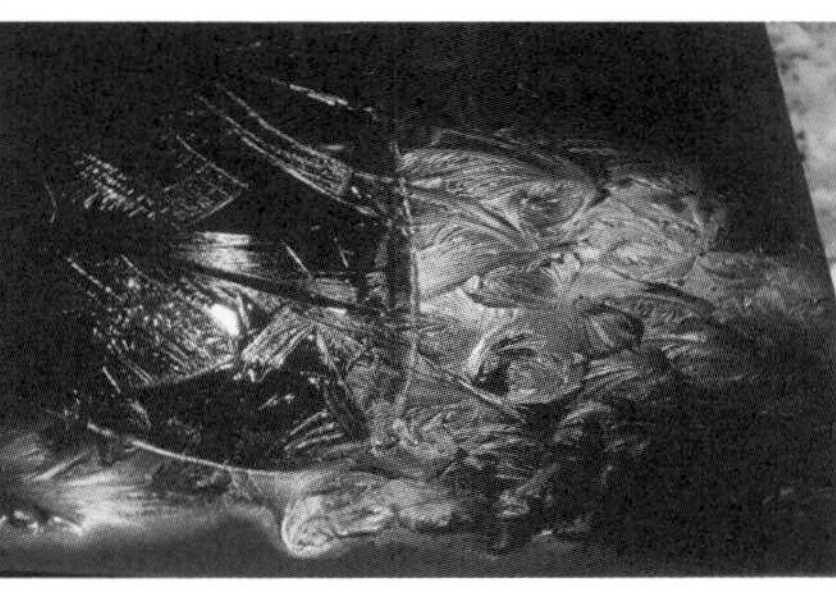

74	73
76	75
78	77

79
80

写真73
水たまりの表面にできた薄氷。
直線の組み合わせパターン

写真74
薄氷特有の直線的パターンと、
水際線に並行する等高線パターン

写真75
氷結時に少量の降雪があった場合。
氷の表面に微細な凹凸が形成

写真76
マイナス6℃まで低下した朝。
水たまりは底まで氷結し、
周囲に羽毛状のパターンが見られる。

写真77、78
中央部に氷面から立ち上がり
縦に連なる氷の壁が見られる。

写真79
水面上にできた
薄氷のパターンの拡大

写真80
夕刻、気温の低下により、
薄氷ができ始める状況
（水面には直線状の、
周囲の鋼板上には羽毛状の
パターンが形成）

地景が成る

粘土が水で流される現象による造形

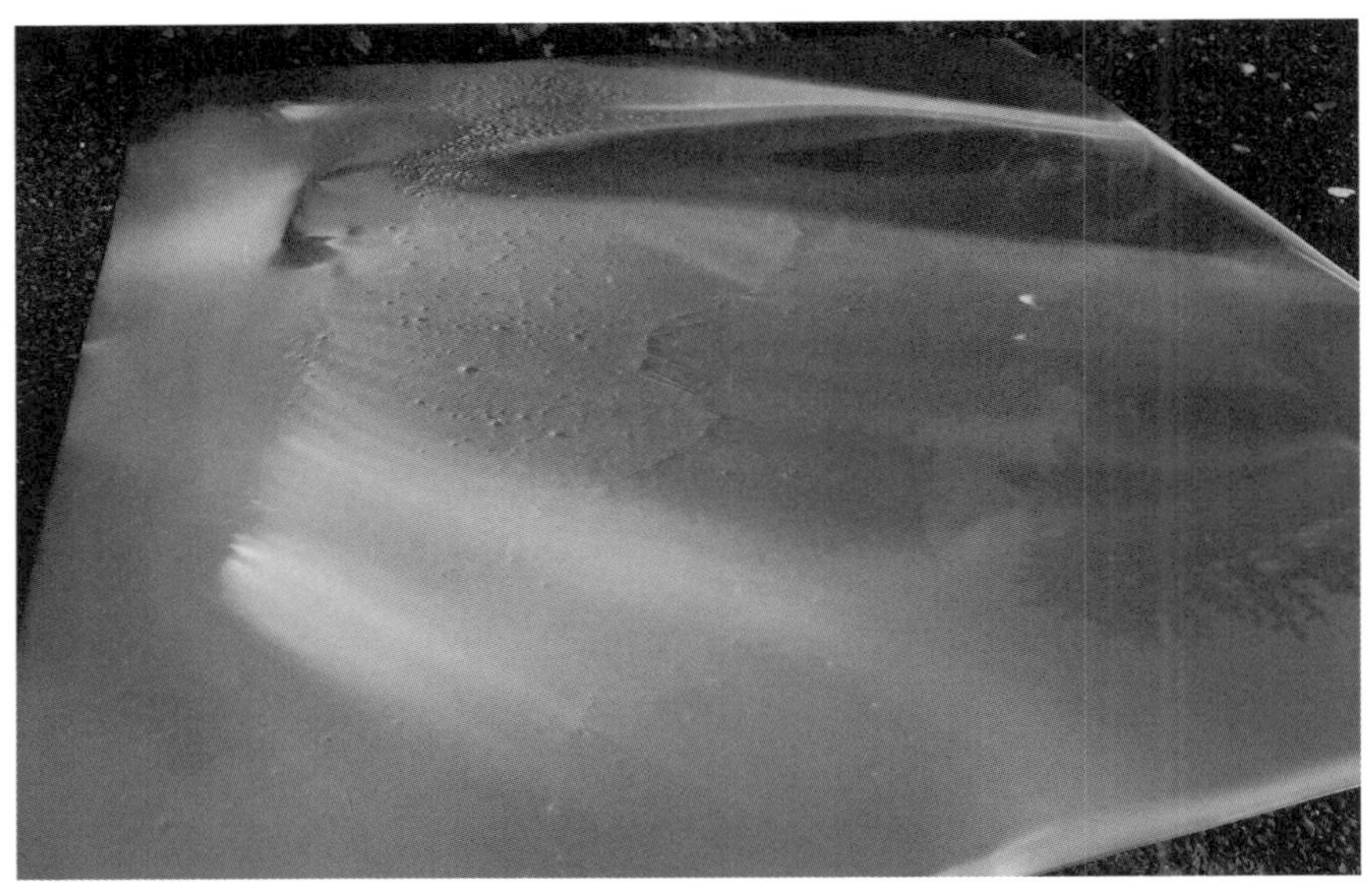

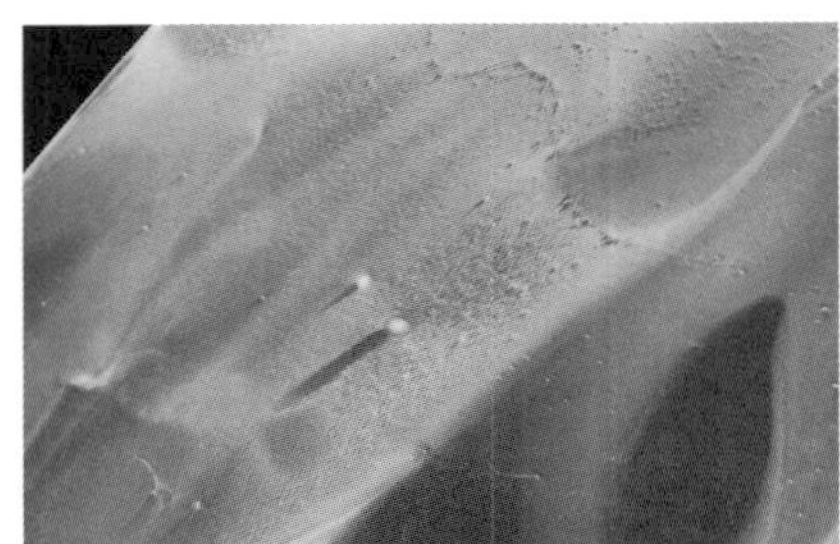

写真81～86

粉末状の粘土（化粧泥）を水で溶いて流した時にできる形である。

地球の表面を上空から見ているような感覚にとらわれる。

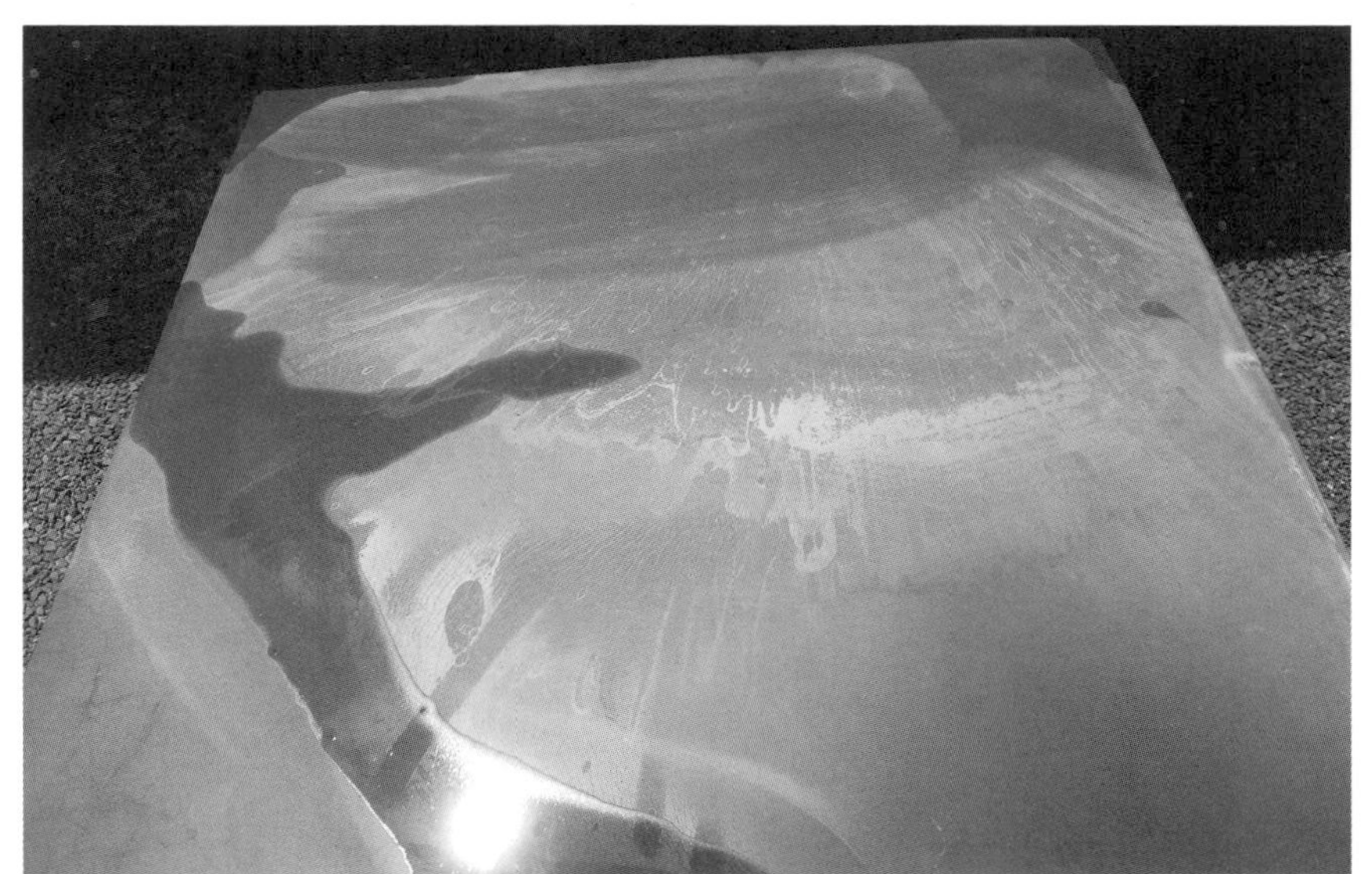

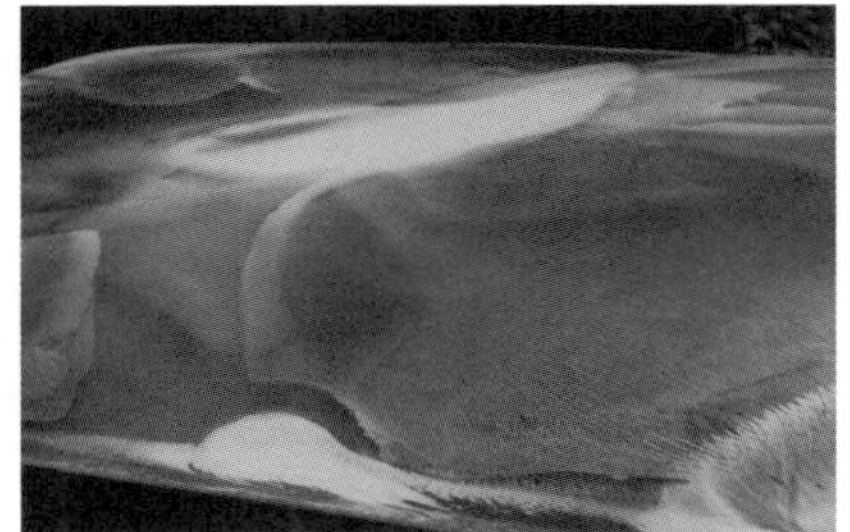

第4章 邂逅（かいこう）——光と水の出会いを見る

水面下に視点を置き、空から来る光を見てみたいと考えた。そこで、清水が注ぐ庭先の水盤に白板や鏡面板を沈め、光と水の出会いの様相を観察した。卓上板庭をさらに縮小し、水中に置いた形、水中の〈板庭〉である。そこには水面で屈折する光の明暗模様（ゆらぎ）が投影され、水底から眺めた空の光や色、周囲の樹木の影などが映り込む。これらを水面上から揺れ動く水面を通して観察すると、水面での反射（水鏡・波光）の効果も加わるため、多重的な光と影の景が出現する。その姿は水の動き、光の変化とともに次々に生起してやまない。

このような方法により、光と水の出会いによって生まれる美に間近に触れることができる。その際には、美しい水を確保して水盤に注ぐなど水に動きを加えることが効果的であり、水盤をよく清掃して水中に浮遊物などがないようにすることが必要である。

水が液体で存在する星・地球に、1億5000万kmのかなたより太陽の光が注ぎ、そのエネルギーを得た水が天地をめぐる。その水の力が地形の形成、気象の変化、生命の活動のもととなる。太陽光と水との出会い※「邂逅」こそ、地球における万象の始まりといえる。

※〔第II部 第6章 庭の始まり（6）コノモト 参照〕

〈水中板庭（すいちゅういたにわ）〉

水底（みなそこ）の影（かげ）に

2018-2019

水盤に出現する光と水の庭

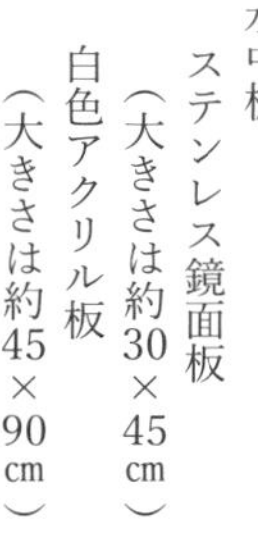
水中板
ステンレス鏡面板
（大きさは約30×45㎝）
白色アクリル板
（大きさは約45×90㎝）

88	87
89	
90	

写真87、88
清水が注ぐ水盤の中に鏡面板を沈め、光と水の現象が生起するさまを見る。

写真89
水中の白板に投影される明暗模様

写真90
鏡面板に映る青空の色と波面で屈折した光による明暗模様の重なり

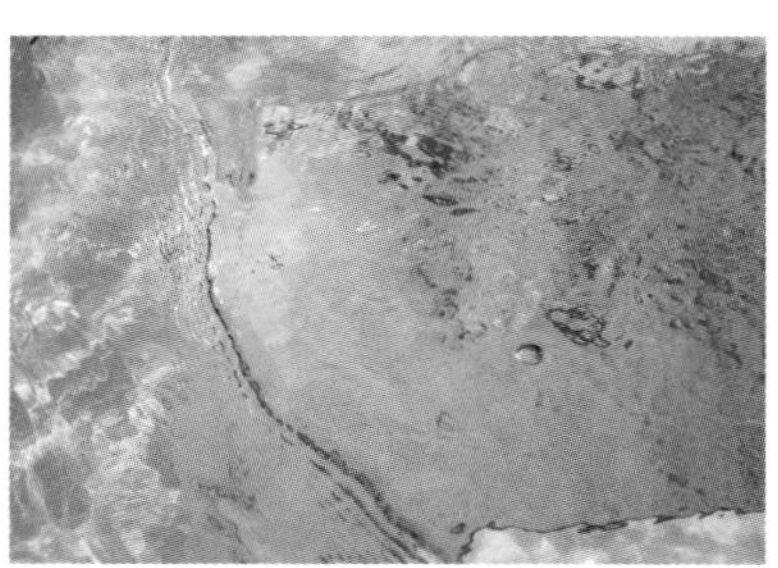

水中の白板と鏡の効果

91 — 92 — 93

写真91〜93
水中の白板と
鏡面板が映し出す、
光と水の出会いの表情

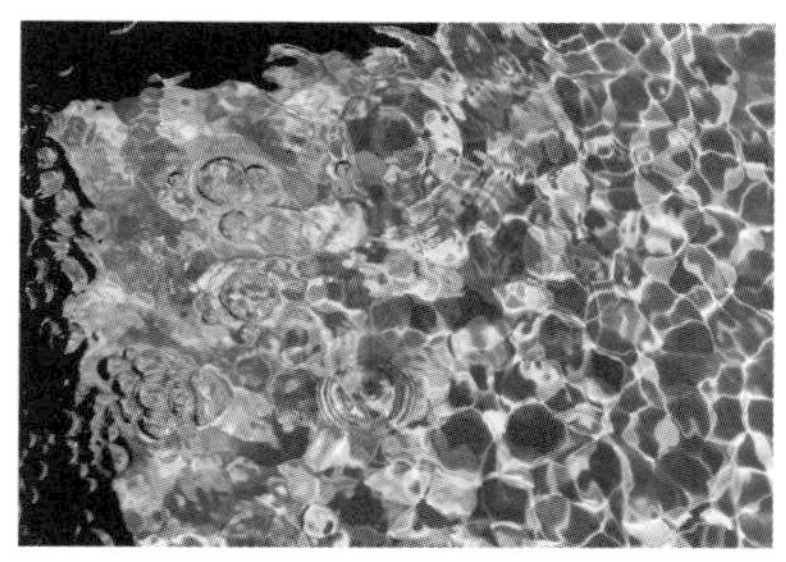

水中の白板へのゆらぎの投影

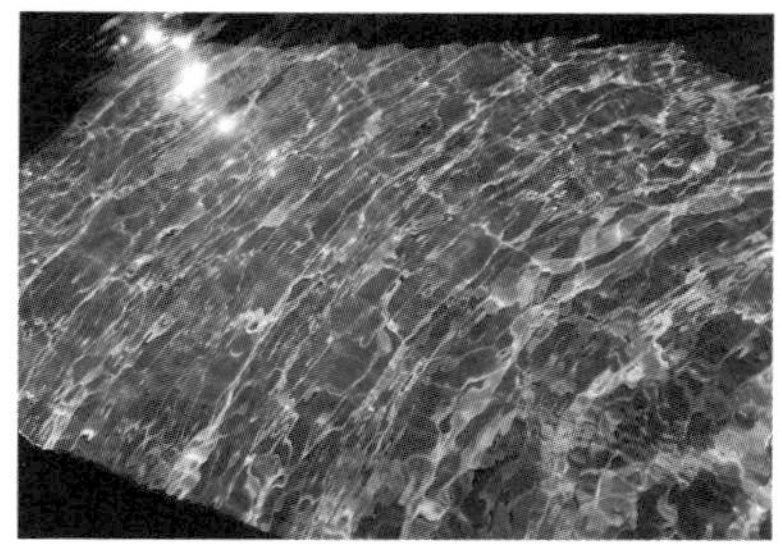

写真94～96　水面のゆらぎに応じ、光の反射、屈折、投影などの現象が次々に生起

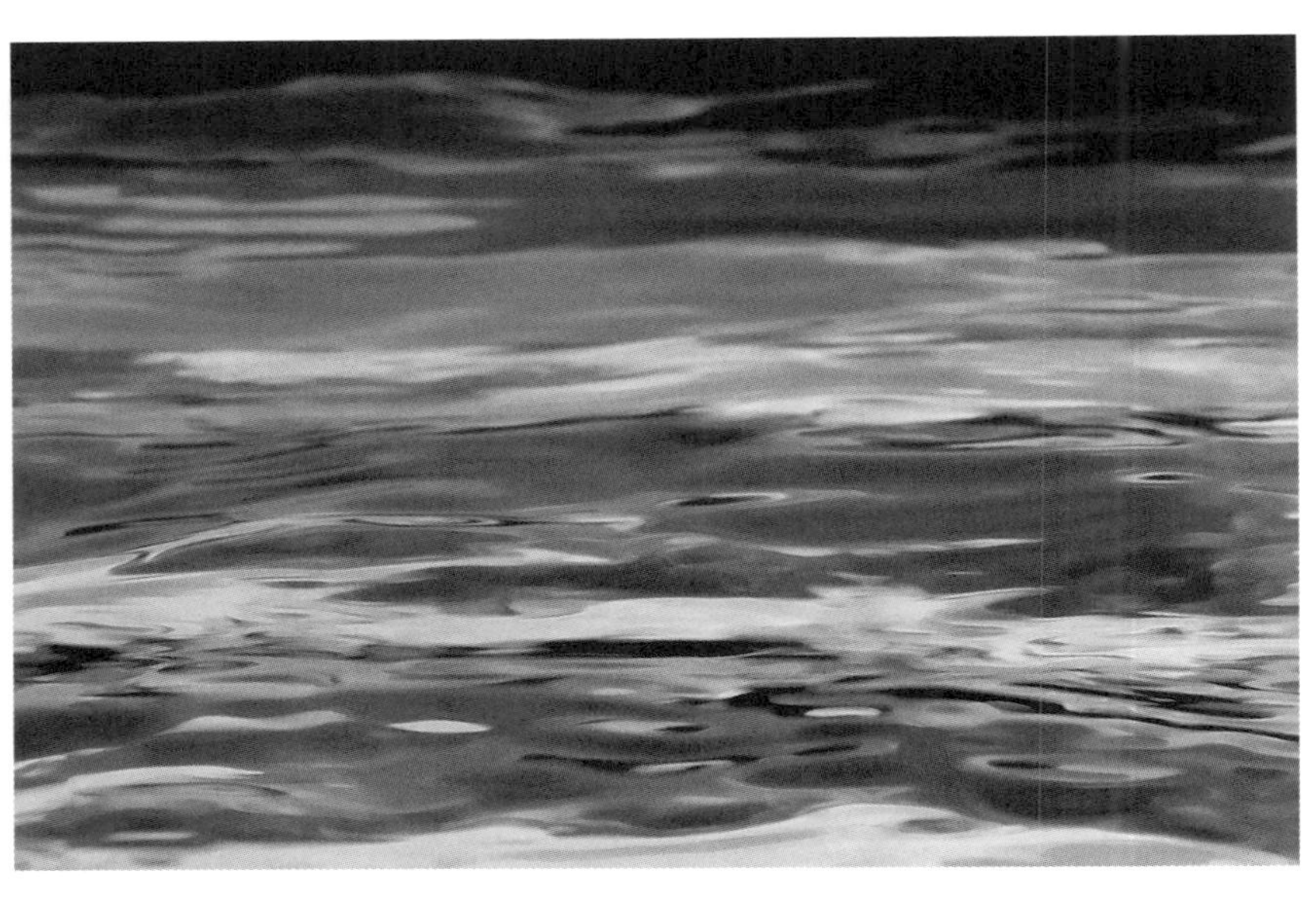

水面と水中のゆらぎの像

97

98

99

写真97
空の変化を映してゆらぐ水面

写真98、99
周囲のものを写し、水中にゆらいで見える鏡面板

水面と水中の鏡で反射する光

100
101
102

写真100、101 空の色の反映と波光

写真102 水面と水中の鏡で反射する太陽光

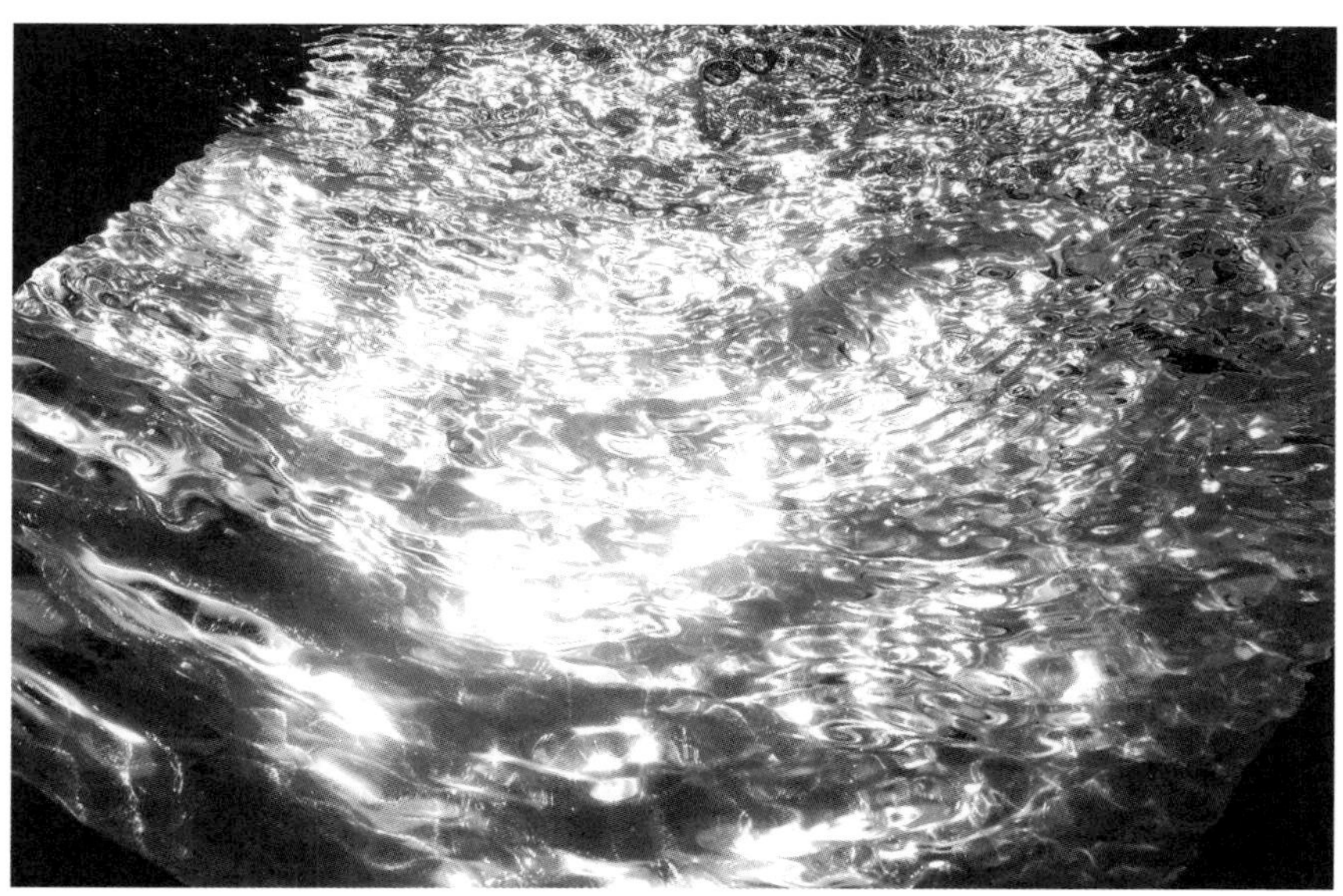

第Ⅱ部　「自然美が出現する庭」を考える

第5章　現象を活かす　――公園での試み再考

1　自然に習う　――庄川の河原

砺波平野を流れる庄川は、かつて洪水のたびに流路を変え、大量の土砂を運び、広い扇状地を形成した。今は堤防で囲まれているが、河原を観察すると、大地を形成する水の力の一端を感じ取ることができる。河原は土石を素材としてつくり出す水の造形である。小石でできた州と水の流れが織りなす姿に魅せられ、いつかこの風景を富山県での公園づくりの中で表現してみたいと思った。

長年の思いを実現

そのような機会はなかなか訪れなかったが、１９９２（平成４）年に富山県民公園太閤山ランド（射水市）で開催された博覧会（「ジャパンエキスポとやま」）の会場づくりに関わった際、会場を貫いて流れる延長約６００ｍの流れ（せせらぎの道）をつくるというチャンスが到来したので、その流れの一部に庄川の河原を表現する場所を計画した。

河原の広さや長さの設定、高低変化のつけ方、小石の配列と固定の方法などが造園のポイントであったと思う。小石は庄川の土石組合から提供を受け、水は地元の土地改良区の協力を得て、10ｍ×50ｍの広がりを持った「庄川の河原」ができあがった。真夏の博覧会の会期中、たくさんの子どもたちがこの河原で水遊びを楽しんでくれた。

風景の発見と造園

この仕事は、造園に取り入れたい風景を発見し、それをうまく表現するようにつくるという方法である。自然の風景をよく見て、それを思い浮かべながら造園すべしというのは、『作庭記』（平安時代に編纂された世界最古の庭園技術書）にも書かれている言葉である。

実際の庄川の河原の風景

完成した「庄川の河原」（1992年）

◆生得の山水をおもはへて
その所々はここそありしかと
思ひよせよせたつべきなり

【意】自然風景を思い出して、あそこはこうであった、ここはどうであったなどと、思い合わせて〔石を〕立てるべきである。

——森蘊『「作庭記」の世界』

「生得の山水」とは自然本来の風景の姿のことで、自然の風景は人間の作為よりもはるかに優れたものであることから、自然がつくり出す姿形を理想として〈自然らしく〉庭に石を組み立てるのがよいと述べている。

実際の庄川の河原の風景を理想として造園しようとする場合、河原の風景そのものの再現はできないため、造る場所に合わせてアレンジすることになるのだが、その際には、作為を目立たせず、〈自然らしく〉〈自然がなしたように〉見えるようにするのがよいと考えられる。

滝流れの庭・雑木の庭

この「庄川の河原」の上流には雑木林の中を渓流が流れ下る風景を表わした部分があり、「滝流れの庭」と呼ばれている。滝あり、せせらぎあり、淀みありと多彩な変化をみせる水の流れと、〈自然らしさ〉を感

滝流れの庭
（富山県民公園太閤山ランド）

高志の国文学館の庭
（旧知事公館の庭）

じさせる雑木類と岩石の組み合わせは目を楽しませてくれる。せせらぎの道の全体を設計した稲垣丈夫氏は、自然風の雑木の庭で知られた小形研三氏[注1]の流れをくむ造園家である。ちなみに、富山県内で最初につくられた本格的な雑木の庭は旧知事公館の庭（富山市）であろう。富山県はその設計施工の指導を造園家小形研三氏に依頼した。

筆者はその時、県の担当技師として、小形流の〈自然らしく〉みせるためのきめ細やかな造園技法に触れることができた。樹木があたかも自然に生えてきたものであるかのように見せる植栽の技法があることを知った。「雑木の庭に木を植える際は、〈自然らしさ〉が肝要であり、その方法を学ぶには、河原へ行って大小のヤナギがあちこちに生えている様子を観察するのがよい。」という話をうかがった時、何か、はっとしたことを覚えている。今から思えば、現象として生育している樹木の姿から自然の美しさの秘密を学べということではなかったかと思う。

この雑木の庭は、その後、再整備が行なわれ、高志の国文学館の庭の一部として現在も生き続けている。

自然美を表現する技

小形研三氏は自然風庭園をつくる際に込める造園家の技、すなわち自然美を表現する技法について次のように述べている。

庄川の河原に点在するヤナギの木
その生え方から〈自然らしさ〉の秘密を学ぶ

【注1】 **小形研三**
（おがた・けんぞう、1912-1988）
日本の造園家、作庭家。自然風庭園（雑木の庭）を得意とし、国内外に日本庭園を作庭した。富山県内では旧知事公館庭園（1977）の設計施工の指導を行なった。

◆人は草木を見て美しいと思い、流れる水を見て楽しいと思う。（中略）草木、水、石を用いた庭は、その形が何であれ一応楽しい。心やすまる庭になる。

しかし、われわれはそれを庭として再現するに当っては、それをさらに純化し高度化し、最高の効果を期さねばならない。

◆自然の美しさはただそれを羅列し展示しただけでは、美の表現としては弱い。やはり人に自然の美しさを強く認識させるには、それを強調し、それに注目させる演出の妙技が必要だ。

——『植栽雑感』

自然に習い、自然の素材を用いて再現しても、そこに表現ということが伴わなくてはいい庭にならないということであり、そこに「演出の妙技」が必要となるわけである。そのための手段として小形氏は「対比、調和、明暗、陽光の逆光利用、フレーム、遠近の協調など」をあげている。

自然現象を主題とする庭においても、その全体をどう構成して印象深く見せるのかが問われることになる。

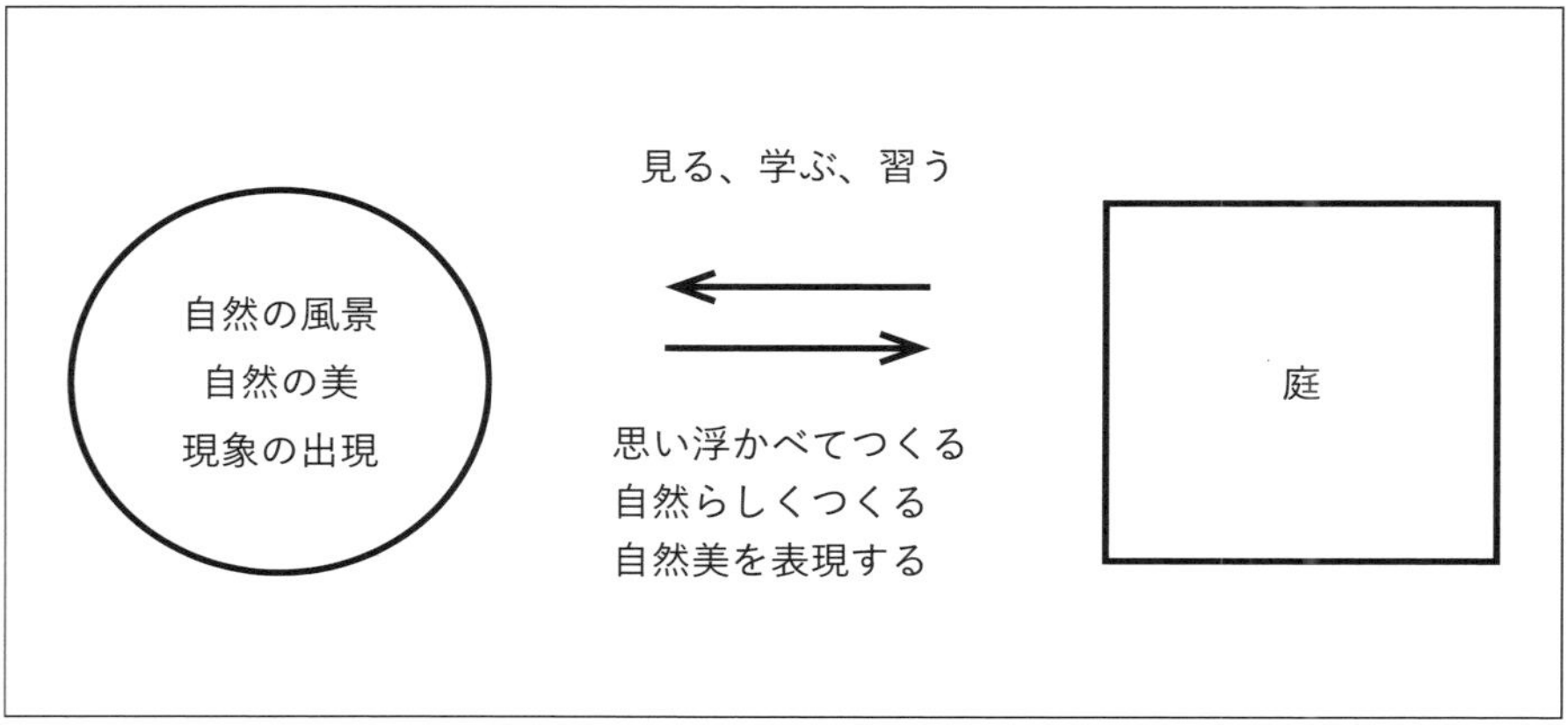

模式図１　自然に習う造景

2 マンダラと霧 ── 百年の泉

屋外における立体的な造形に水の動的現象が組合わさることで新しい造形の世界が生まれることを最初に経験したのが、１９８３年、富山県民公園太閤山ランドに置県百年記念モニュメントとして造られた「百年の泉／スペース・マンダラ」の仕事であった。マンダラという幾何学的で構築的な造形に、風にゆらぐ霧状噴水という現象的な造形が組み込まれた点が、このモニュメントの特徴的な点である。

百年の泉 ──スペース・マンダラ

マンダラ（曼荼羅）は東洋の宗教世界の造形であり、公園とは接点がなさそうに思えるが、富山県の置県百年記念モニュメント「百年の泉」は、県がデザインを依頼した美術家が富山県入善町出身で現代のマンダラ画家といわれた前田常作氏[注2]であったことから、他に類例を見ない立体的なマンダラの造形となった。置県百年の１９８３（昭和58）年の開園当時、太閤山ランドの丘の上に出現したその光輝く姿は目に鮮やかだった。

建造されてから今日（２０１９年）まで36年が経過したが、今でもその輝きは失われていない。

富山県置県百年記念モニュメント
「百年の泉／スペース・マンダラ」
（富山県民公園太閤山ランド）

【注２】**前田常作**（まえだ・じょうさく、1926-2007）富山県入善町出身、画家。（「百年の泉／スペース・マンダラ」制作当時は武蔵野美術大学教授。後に同大学学長、理事長）

造形の特質

〈構造と現象の組み合わせ〉

マンダラの幾何学的構造と、霧状噴水による動的な現象の組み合わせが特徴的である。現象的なものとの組み合わせは、前田氏がモニュメントの考案にあたって当初から模索していたことで、まずレーザー光線の活用を検討するため、担当の筆者も同行して東京池袋の会社を訪ねた。しかしコスト面から実現は難しく、がっかりしてふらりと立ち寄ったのが池袋のサンシャインシティ近くの公園だった。その公園のベンチに座り、さてどうするかと考えていた時、奥の方の林のあたりから霧が漂い始め、やがてザザッーと音がして幅広の渓流風の水路に水が流れ出してきた。これを見た前田氏の言葉は「そう、霧で行きましょう。」であった。それはモニュメントに霧を組み合わせることが決まった瞬間だった（後で調べると、この公園の名は東池袋公園で、造園家荒木芳邦（よしくに）氏（１９２１―１９９７）の設計によるものとわかった）。

〈多くの要素を取り込み調和させる〉

百年の泉は長年にわたるマンダラの探求と世界の宗教的造形に関する蘊蓄（うんちく）をもとに案出された前田氏ならではの形である。

マンダラの構造は、その中に多様なものを集合・集積させ、全体として理想の調和的世界をつくり出す。たくさんの要素を、全体として独自の造形の体系によって配置・構成するもので、万物・万象を包摂する宇宙的構造といえる。

〈ユニークで親しまれる形〉

百年の泉のユニークな外観は子どもたちにも親しまれ、よく写生の対象となっている。間歇（かんけつ）的な噴水の作動により動きのある表情に変化することなども、来訪者が感じる魅力という点で大切である。また、眺めるだけでなく、基壇に上り、球体の中を潜り抜ける、あるいは鏡・光・音楽がセットされた球体の中に留まり、不思議な感覚を味わうなどといった体験が可能な点も、親しみを感じさせることに役立っていると思う。

深い造形の思想に基づき、燦然（さんぜん）と輝く超然とした造形でありながら、誰にでも親しまれ、どのような人も受け入れる施設であるところに、このモニュメントの造形としての大きさ、深さを感じる。

スペース・マンダラとボロブドール

前田常作氏はスペース・マンダラのデザインについて、世界遺産となっているインドネシアの仏教遺跡ボロブドールと共通のものがあることをよく語られた。著書の一つ『曼荼羅への旅立ち』ではボロブドール〈日本の天平時代にできたともいわれる〉について、「椰子(やし)の密林に取り囲まれた丘の上に、一辺120m、高さ40mのピラミッド状の形体があり、石が複雑に高く構築されている」とその壮大な姿を語り、それはマンダラの種類でいえば「羯磨(かつま)曼荼羅」(彫刻で立体的に仏教の理念を表現する)であること、そのフォルムは〈方形〉と〈円形〉の組み合わせであり、〈方形〉は大地を表わし、〈円〉は天を表わしていると云われ、天地合体の形態は曼荼羅の思想であることを述べている。

ボロブドールとスペース・マンダラの形を比べてみると、ともに〈円(マル)〉と〈方形(シカク)〉の組み合わせであり、よく似ている。

スペース・マンダラには古代東洋の仏教(曼陀羅)の造形が取り入れられているのである。

スペース・マンダラの形
マル(池、球体)シカク(基壇)の組み合わせ

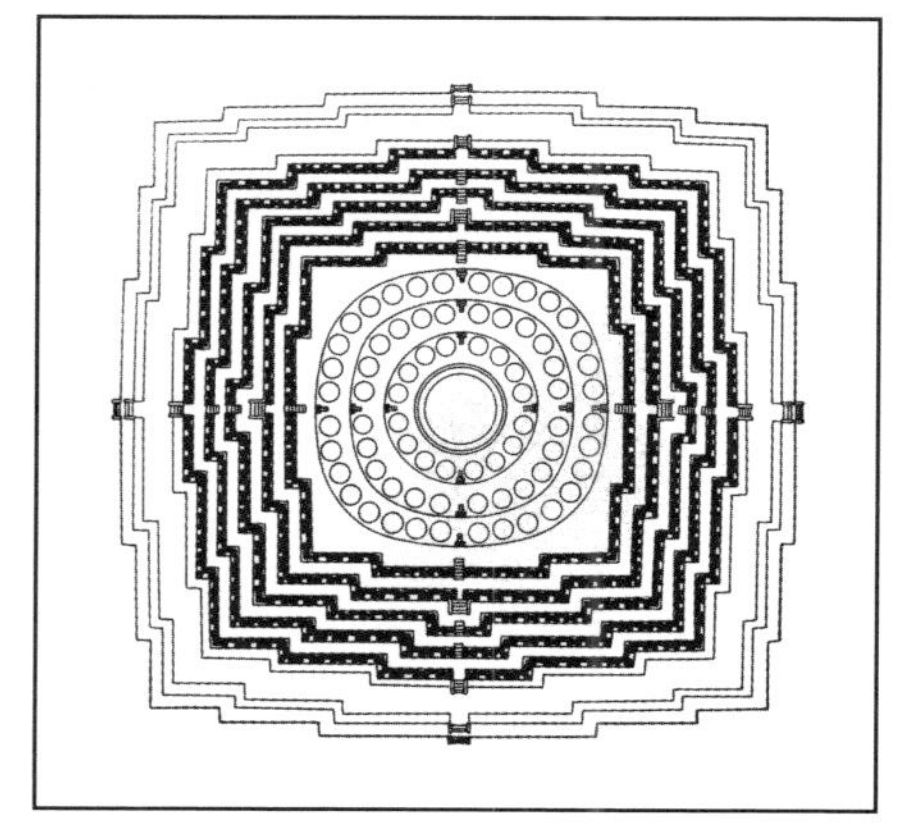

図1　ボロブドールの平面図

マンダラの起源

マンダラの起源は古代インドの砂曼荼羅（土壇曼荼羅）にあるといわれる。野外の特定の場所を選び、その場を清め、結界して土壇を築く。そこに墨打ちをして下絵を描き、お供え物をして、砂で曼荼羅を描く。芸術作品の制作ではなく、一定の所作に従って進められる宗教的儀式である。神仏を呼ぶ依代でもあるとされる。儀式が終わると壊され、砂は川へ流される。神仏を招く祭壇のようなもので、仮設の造形である。

儀礼の場に神仏を呼びよせるという方法は、密教に限らずインドでは古くから行なわれていたもので、儀礼は神と人が出会う空間と考えられた。密教もこの形式を受け継ぎ、そのための装置としてマンダラが準備されたという（以上は森雅秀『マンダラ事典』による）。このようにマンダラの起源に遡ってみると、それは神仏を呼ぶ儀式のための臨時の造形であるという点で、自然美が出現する庭に対し示唆するものがあるように思われる。

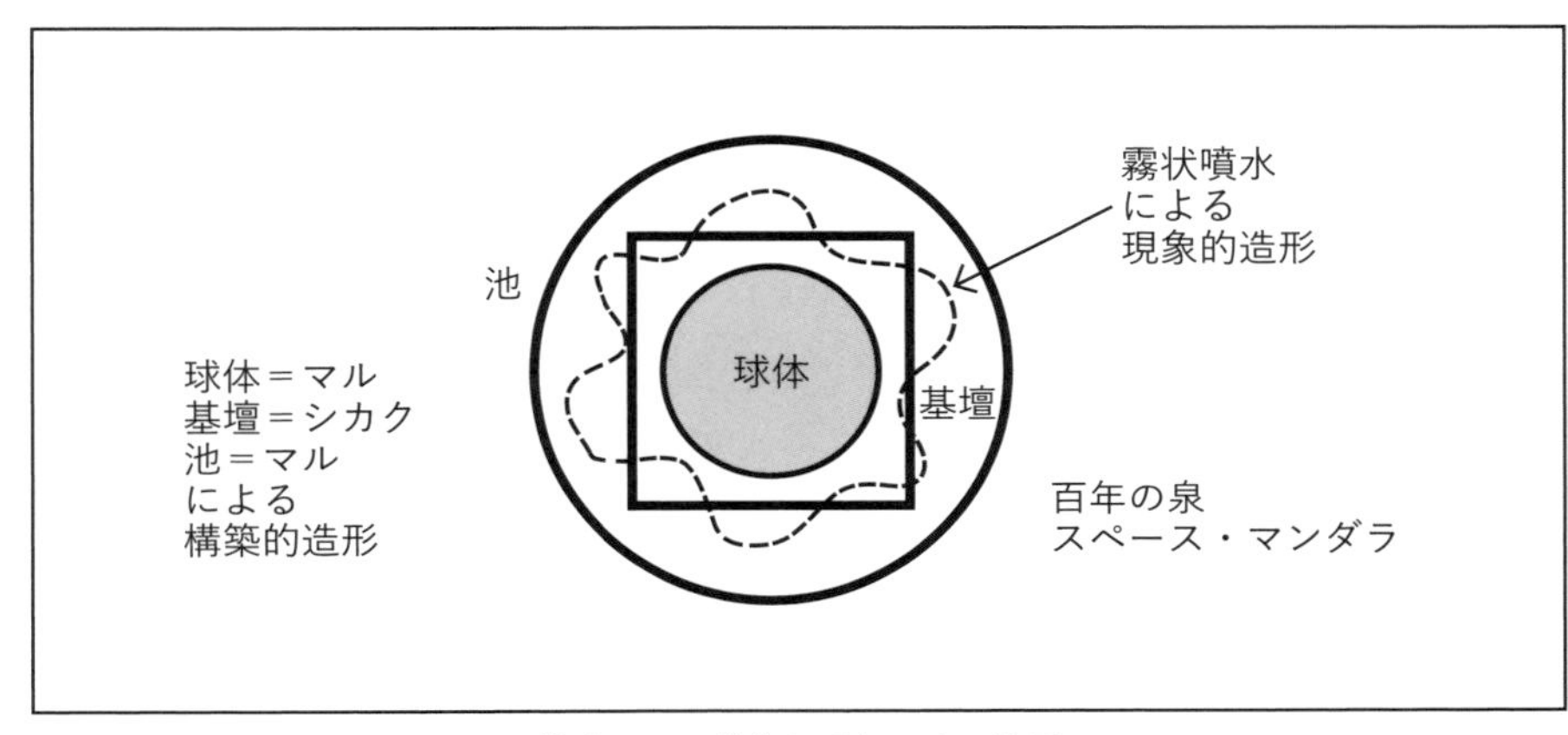

模式図２　構築と現象による造景

［参考１］「スペース・マンダラ」の造形

造形の構成

全体は、円形の池（直径18ｍ）と方形の基壇、正面から見ると三角形を構成するアーチ状の円管（最高部の高さ17ｍ）、それに囲まれた球体（直径５ｍ）の組み合わせからなる。基壇と球体には青色（トルコブルー）のタイルが張られている。

基壇、アーチ、球体の下部には霧状噴水が、階段上部には投射噴水が組み込まれ、30分周期で８分間、間歇的に噴水がそのパターンを変化させながら噴き上がる。霧状噴水が球体を包むと、球体は霧に浮かんだように見え、天地創造の趣さえ感じさせる。

池は四方から橋が懸り、子どもたちが入って遊べるよう浅く（深さ20㎝）造られている。

アーチは直径40㎝のステンレス製で大小９本ある。正面の△型は立山を象徴し、側面から見ると次々に発展する円環となって見える。円環の上部裏面にはステンレスの鏡面効果で、地上の風景が歪んだ形で写し出される。９本のアーチは９つの地球を写す鏡でもある。

日没時には夕陽が赤く輝く９つの星となってアーチ上にきらめく。このような時、自然と瞑想的、宇宙的気分が味わえ、「スペース・マンダラ」という名が納得される。

球体の内部は人が自由に出入りできるステンレス鏡面張りの部屋となっており、48面の鏡が人の姿を万華鏡のように写し出す。宇宙的胎内くぐり装置といってよい。

デザインに秘められた意味

前田常作氏によれば、○△□と９という数字を構成の基本とする。

池と球体は○、アーチ（正面）は△、基壇は□となっており、球体と基壇に張られているタイルも○△□の模様となっている。これらの形は東洋における古来の考え方（マンダラの世界観）に基づいており、○は水を、△は火を、□は大地を象徴し、この地・水・火の三要素で「宇宙」を表現する。

ステンレスパイプのアーチの数が９本、階段の数が９段になっているのは、９という数字がマンダラの聖なる数であるためである。

空に向け伸びるアーチ

3

気流を見る ―― 霧のパフォーマンス

富山県民公園太閤山ランドでは1992年の「ジャパンエキスポとやま」の折に展望塔が建設された。その設計者は自然現象の造形に理解の深い建築家、葉祥栄(ようしょうえい)氏[注3]であったため、同氏の企画により展望塔の中庭で、現代アーティスト中谷芙二子(なかやふじこ)氏[注4]による霧の彫刻(「霧のパフォーマンス」)が行なわれた。建築的なものと現象的なものの組み合わせが設計段階から構想され実現した例である。

霧・風・光による現象の庭

霧のパフォーマンスは一定のプログラムに従って機械的に霧が噴出され、その時の風や光の状態によって異なった様相を呈する造形であり、現象を活用したアートの庭と言えるものであった。霧の噴出は特別に開発された特殊なミスト発生ノズルを使い、ポンプで水圧をかけて人工的に発生させる方法による。展望塔の1階建物の壁で囲まれた中庭（20m×20m）に音楽や照明と連動して霧が各所から断続的に噴出し、中庭の1階フロアと地上約25mの展望塔の2階床下に設置されたライトがこの霧の動きを照らし出した。

気流の可視化

その日その時の風や日照の状態によって霧の様相は変化した。展望塔の一階建物に囲まれた中庭の空間は霧を溜める枡(ます)のような働きをし、風がない時はこの枡の中に霧が盛り上がるように立ち上がり、風がある時はこの枡から霧が掬(すく)われて上空に飛び去った。霧によって気流が可視化されたのである。

霧は機械的に吹き出すのであるから、時刻を決めて定期的に実施することができる。その後は自然の風に任せるため、毎回異なる表情が楽しめる。気流に乗って形を変えながら消えていく霧の動きに音楽と光の演出が加わった劇場型現象庭園とでもいうべきもので、博覧会の催事にふさわしいものだった。

中谷芙二子「霧のパフォーマンス」
（県民公園太閤山ランド展望塔中庭、1992年）

自然現象美術館

このほかにも、展望塔の2階の床の付近から雨粒の大きさに近い水滴を放出して虹を観察できるようにするための装置も組み込まれた。展望塔内部には大きなプリズムで日光を分光し七色の光の帯を壁面に映し出す装置、大きな万華鏡、気象データを表示する装置も設けられるなど、全体が自然現象美術館となるよう考案された。

霧の彫刻

現代アーティストの中谷芙二子氏は霧の彫刻で知られ、その活動歴は長い。

初めて発表した人工霧によるライブ環境作品は１９７０（昭和45）年の

【注３】**葉 祥栄**（よう・しょうえい、1940–）
日本の建築家。１９８９年、福岡市で開催されたアジア太平洋博覧会の時、現象を活用したアートのパビリオン「西部ガスミュージアム」を設計するなど、建築家の立場から自然現象のアートを取り入れた空間づくりを進めた。

【注４】**中谷芙二子**（なかや・ふじこ、1933–）
ビデオを使った先駆的なアートで知られる現代美術家。霧の彫刻家としての活動は長く、日本をはじめ世界各国に50を超える作品がある。雪の結晶の形成過程の研究で有名な物理学者・中谷宇吉郎の次女。

虹を発生させるための水滴の噴霧

虹の発生

大阪万博のペプシ館で、人工霧を使うプロジェクトとしては世界初の大規模なものであったとされる。

太閤山ランドの展望塔完成と同じ年、1992年に東京都立川市の国営昭和記念公園の「こどもの森」に「霧の森」が常設作品として設けられた。1994年、石川県加賀市に開館した「中谷宇吉郎・雪の科学館」（設計・磯崎新）の中庭「グリーンランド氷河の原」にも霧の作品が組み込まれている。

筆者は2016年に岐阜県美術館の庭で中谷氏の霧の彫刻にふたたび出会うことができた。世界各地において霧の彫刻を手掛けたことで同館の円空大賞を受賞した記念のライブであった。

自作について中谷芙二子氏は次のように語っている（いずれも自著『霧』所収）。

◆〈霧の彫刻〉――それは環境に呼応して刻々に変化するライブ彫刻。地形や気象の環境条件を鋳型にして、風が気ままに彫ってくれる"大気彫刻"と呼ぶにふさわしい。自然の霧と同じく、それは現象であり、同時に具体的なモノでもある。

――覚書（1990年1月）

◆人工的に霧を発生させること自体が反自然であり、挑戦といえる。だから霧の彫刻はいつも風に脅かされる。しかしそこが本当は

中谷芙二子「霧の彫刻」（岐阜県美術館の庭、2016年）

一番面白いところでもある。問題はいかに風を制御するかではなく、いかに風と折り合いをつけるかである。風がいかにも自由に、そして表情豊かに現象できるように地表やミニ気象をデザインして、霧のための舞台をしつらえるのが私の役目である。霧を媒介にした環境とのダイナミックな関係性の中に身を置くことで、人間と自然の間の信頼関係をもう一度取り戻したいという願い、霧の彫刻の隠されたテーマがそこにある。

──『霧の修景』（１９９５年８月）

ここに書かれていることは、自然美が出現する庭の制作とも共通のものがあるように感じられる。

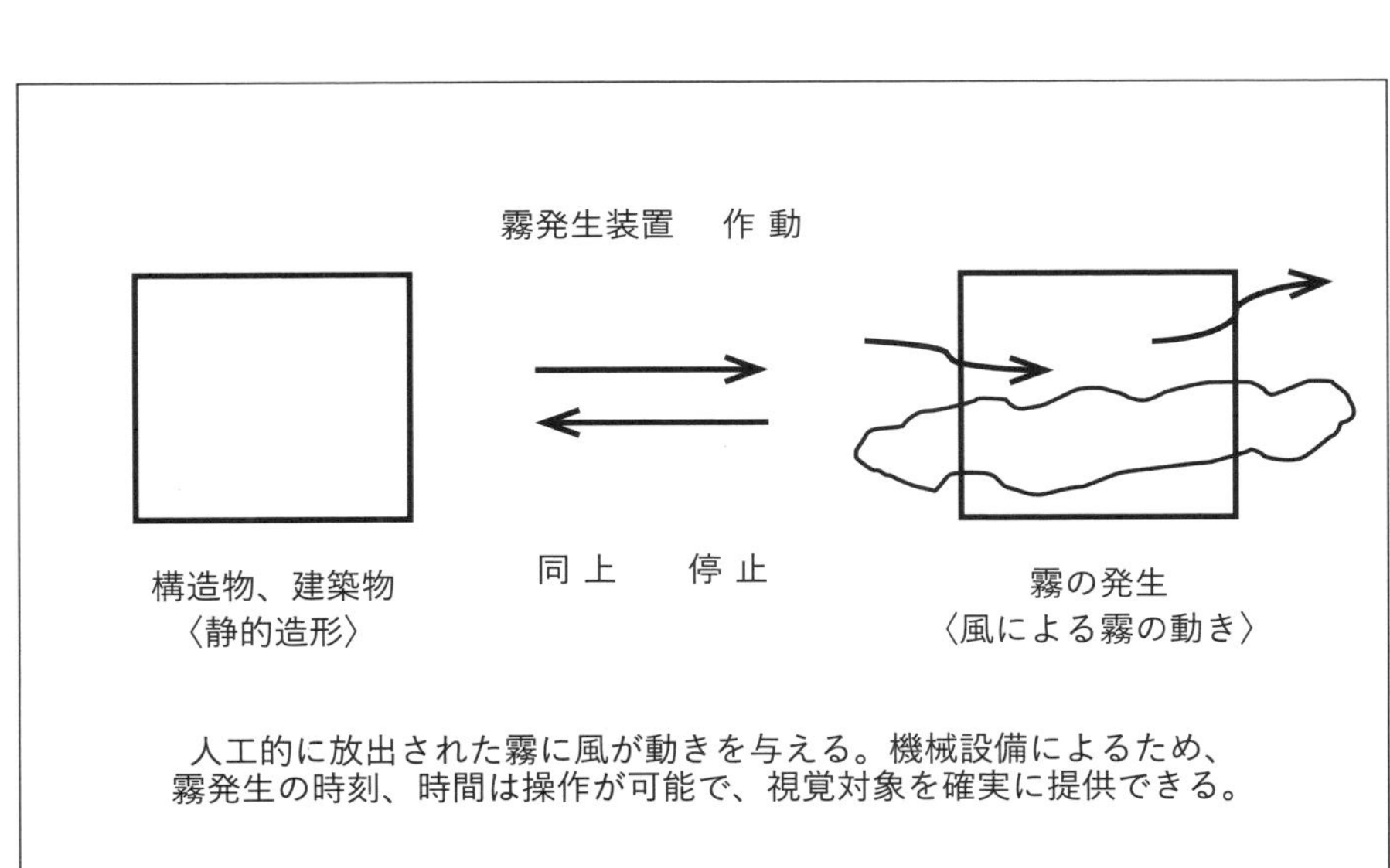

模式図３　霧の動きによる造景

4 冬の公園を愛でる ── 雪美の庭

富山県では1990年から2000年まで、雪国の冬の都市公園の活性化に向けて、雪を活かした公園づくりの試みとして「雪美(ゆきみ)[注5]の庭」が実施された。それは雪の美しさを楽しむ実験的な試みであり、街中(まちなか)の広場、富山県庁前公園を舞台に、現代の雪見の場をつくり出そうとするものであった。自然現象の降雪や積雪を活かし、人々が楽しめる造形を実際につくり出せるかどうかが課題であった。

雪を活かした公園づくりの考え方

富山県は1986〜87(昭和61〜62)年に雪を活かした公園づくりの基礎調査を行ない、その「基本的考え方」を次のようにまとめている。

1　**〈四季〉を通じて利用できる公園をめざす**……雪のない園路や雪を活かす施設など
2　**〈雪遊び〉の新時代をひらく**……雪を楽しむ冬の公園の利用方法の開発など
3　**現代の〈雪見の庭〉をつくる**……自然の雪の美しさを楽しめるしかけをつくるなど
4　**新しい〈雪国文化〉の舞台となる**……雪国の新しいライフスタイルの創造と発信など

この中の「3 現代の〈雪見の庭〉をつくる」という考えが雪美の庭として実現することとなった。

雪の美を活かす造形の発想

富山県の平野部は雪国とはいっても1月の平均気温は約2℃と比較的暖かく、雪もいわゆるベタ雪となる。降り積もった雪を固めれば、雪だるまや雪像となるが、一方、降り積もる雪はいろいろな形となって物に付着し、雪帽子・綿帽子をつくり出す。この自然の雪がつくり出してくれる〈形〉を主役とし、そこに現代の造形や水、色彩、光などといった演出をうまく組み合わせて、間接的に（人が直接的には雪に手を触れないで）雪の形を美しく操作できれば、昼も夜も、降積雪時にも無雪時にも多くの人々に楽しん

【注5】 **雪美**（ゆきみ）
雪の自然美を愛でる心を表現するものとして、従来からの「雪見」に代えて作られた言葉。

でもらえるものができるのではないか。そんなことが可能ならば、冬には雪の下に眠っている県庁前公園にぜひ実現させたい。これが雪美の庭のそもそもの発想であった。

問題は、この発想を実際にどのようにして実現するかである。

雪の美しさを活かす環境造形へ

富山県庁前公園（富山市、1・2 ha、県立都市公園）において、雪の美を楽しむ公園づくりを県の事業として進めるにあたり、まず、その噴水池に設置する造形のアイディアを得るため、1988（昭和63）年に「雪の美しさを活かした環境造形のプロポーザル」を実施した。その造形考案の前提条件は次のとおりであった。

県庁前公園の「雪美の庭」に置かれた造形物
積雪の現象とともにそのかたちは刻々と変化する

●富山の雪の特質を踏まえ、①降雪・着雪・積雪・融雪など、自然の雪が時折々に見せる形の美しさを、②新しい造形の技法・技術と組み合わせることにより、従来にない方法で表現するもの
●冬期間に公園に設置し、③雪がない時でもそれなりに楽しめるもので、④雪が降ったり積もったりするといっそう美しくなるもの、さらには⑤継続的に繰り返し楽しめるもの
●雪と水・光・色の組み合わせが大切なポイントであり、⑥夜景や色の演出、⑦公園利用者を引き付ける効果に十分配慮し、雪国の夜の幻想的な美しさや明るく楽しいイメージを演出できるもの

「雪美の庭」の設置

１９９０年の冬には噴水池の中に造形作家、伊藤隆道氏[注6]のデザインによる雪のシンボル造形を設置し、加えて無散水消雪園路など雪見のための環境を整え、「雪美の庭」（当初の名称は「スノーアートとやま」）は開始された。その後、10年間、毎年テーマを変え、造形作家や造園業

【注6】 **伊藤隆道**（いとう・たかみち、1934-）
日本の造形家。動く彫刻の第一人者。雪美の庭（スノーアートとやま）では噴水池の中に設置された雪のシンボル造形のデザインや園内全体の雪見環境整備の提案を行なった。

雪のシンボル造形（検討模型）
伊藤隆道氏（アトリエMOV）による（1989年）

県庁前公園の噴水池に設置された
雪のシンボル造形（1990年）

界団体など多くの方々の協力を得て継続された。

雪美の庭の意味

このような雪美の庭の造形は、自然現象として出現する雪を活かし、自然と人為との〈共働〉によって形成しようとするものである。その〈心〉は「あなたまかせ」、「雪まかせ」の造形である。生きた自然との対話をめざすもので、地球の息づかいともいえる気象を目に見える〈形〉に置き換えるための装置といえる。人々と自然美との絆の回復こそ、雪美の庭に込められた願いだったのである。

「雪美の庭」全景（1999年）
雪囲い・雪吊りの方法を応用

雪の造形の問題点と対応

雪美の庭を継続実施する中で見えてきた問題点と対応方法をまとめると次のようになる。

第一は〈雪見の機会と場〉の問題である。積雪が美しいのは人出が少ない降雪の最中や早朝であり、来訪者が多くなる日中には美しい雪の形は失われてしまう。つまり僅かの人しか雪の美を楽しめないという悩みである。この造形の本来の意図や成果を理解してもらうには、写真やビデオを用いて美しい雪の形を記録し、これを再表現することが求められる。

第二は〈雪見の内容〉の問題である。自然の雪の美しさだけで人出を期待することは難しいため、例えば、飲食を楽しみながら暖かく快適に雪見ができるような場が必要と考えられた。

第三は〈造形のあり方〉の問題である。無雪時には雪が積もる造形（積雪の基盤）がむき出しとなるため、その見栄えが問題となる。特に、仮設的な造形の場合、雪のない時にはその趣旨が理解されにくい。各種の仮設的な造形を試みたが、その中では従来からの雪囲い・雪吊りの方法を応用した竹と縄によるものが最も違和感なく受け入れられたように思う。理想的には、恒久的な公園施設の整備の際に雪の造形のための仕掛けを組み込むのがよいと考えられる。

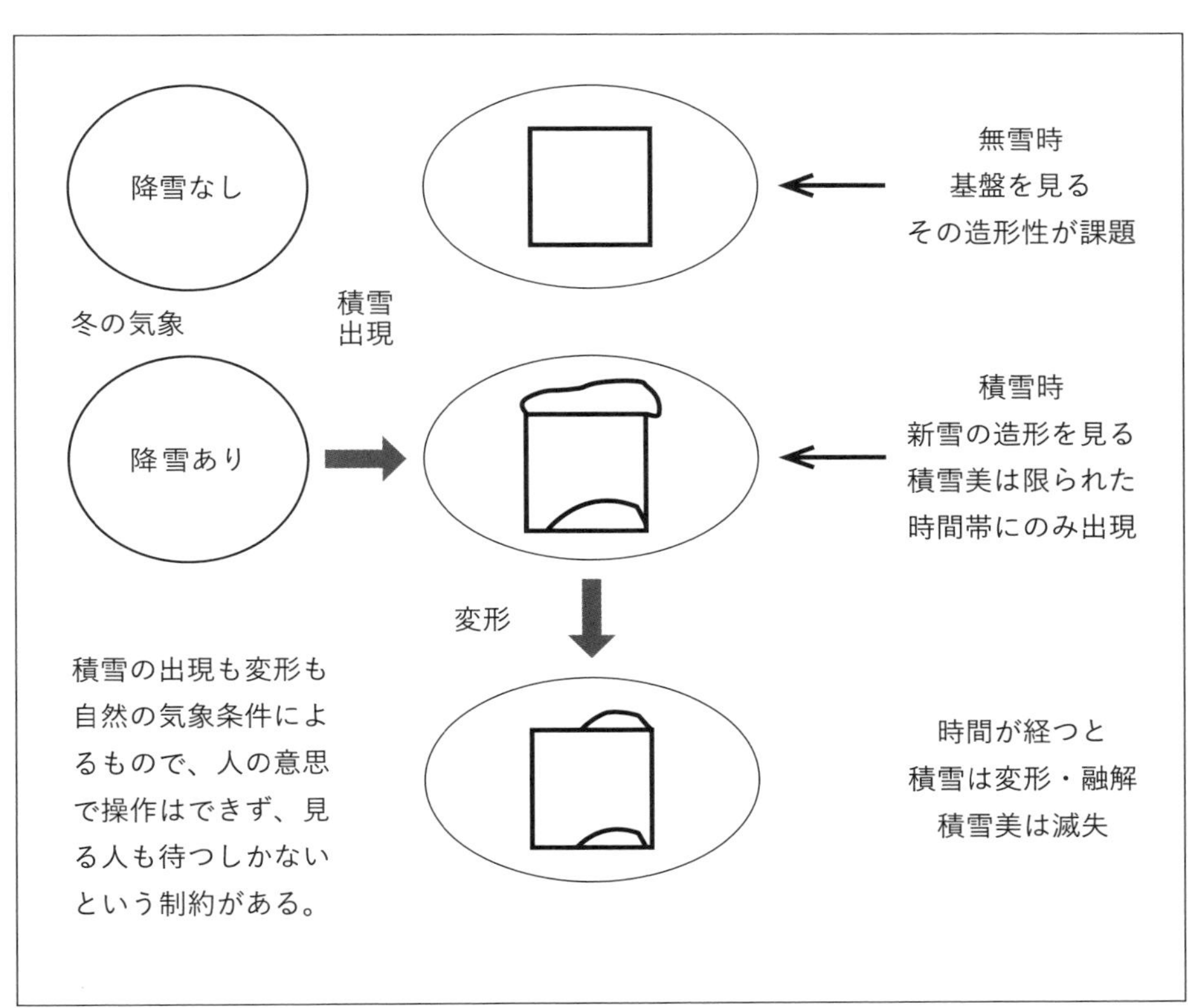

模式図４　雪の美を活かす造景

5 地形を活かす ── 赤土の庭

県民公園太閤山ランド整備前の1974(昭和49)年頃、現地調査の折、尾根のアカマツ林の中に赤土の小さな丘が連なる場所を発見し、木々の緑との対比が目に鮮やかだった記憶がある。その後2013(平成25)年にこの公園を管理する公益財団法人富山県民福祉公園に在籍中、開園30周年を記念して「庭めぐり散歩道」を計画した際、記憶にあったこの場所に現象として出現している地形そのものを庭とする試みを行なった。

「赤土の庭」を開設

この場所の環境をそのまま活かすことを基本に、赤土の広がりの規模が大きく、園路から近い場所を選んで少し手を加えて整備し、「赤土の庭」と名付けた。その場所は公園のほぼ中央部に位置し、面積は約２０００㎡（幅約20m、長さ約１００ｍ）である。庭と呼んでいる部分のほとんどはもともとあった赤土の地面である。周囲は樹林に囲まれ、赤土の面のところどころにも樹木がある。あくまでも植物が生えていない赤土がむき出しの丘が主役であるため、まずは一部の樹木の除去、除草、落ち葉掻きを行ない、施設整備は最小限にとどめ、瓦再生材を敷いた園路（幅員１・２m、延長１２０ｍ）や解説板などを設けた。

昔は子どもの遊び場だった

赤土の庭を含めた庭めぐり散歩道の開設記念イベントとして行なったガイドツアー参加者の一人、公園周辺の集落（黒河地区）の古老によれば、昔、子どもの頃、この赤土の丘のあたりは赤坂と呼ばれ、よく遊びに来

瓦再生材による園路

除草と落ち葉掻き

「赤土の庭」の曲線美

雨後の「赤土の庭」

たものだという。当時は地域の子どもの遊び場として使われていたのである。林の中に開けた広場であり、凹凸のある地形が子どもの遊び場としてもってこいだったのであろう。

「こどもみらい館」の建物の色

1992(平成4)年、園内につくられた県立児童館「こどもみらい館」の外壁は赤い色になっている。設計者の建築家、仙田満氏からは、以前の現地調査の折に太閤山ランドの尾根筋で見た赤土の色がずっと印象に残っており、この土地の特質を表現するものとして決めたと聞いている。

富山県こどもみらい館
外壁の赤は周辺の土の赤い色から着想

赤土の丘のでき方

この赤土の庭は、自然がつくり出した丘の美しさを尊重し、これを活かす造景といえる。この丘の形は雨水の流れや風の力が太閤山ランドの赤土という素材に働きかけてできたものである。その形をつくり出す主体は水や風だといえる。植物が生えないのは雨水によって土が移動するためであろう。周囲は樹林となっているが、この部分だけ地面がむき出しで、空につながっていて明るい。植物が繁茂している樹林とは質的に異なる空間となっている。人はこのような場所に「庭」を感じるものらしい。

この庭の特色

この庭の特色をまとめると次のようになる。

●**自然がつくる庭**……自然にできた起伏のある赤土の地面をそのまま庭の主役として活かすものであり、庭師ではなく〈自然がつくる庭〉〈水や風が地面を造形する庭〉である。生の自然である赤土の大地と触れ合えるこだけにしかない〈自然庭園〉と言える。人がつくり出したのではない自然美が感じられる。

●**マイナスの庭**……現地の自然の地形や植生を尊重し、これをできるだけ壊さずそのまま活かす方法によっている。自然の美を活かすために不用なものを取り除くことから、〈マイナスの庭〉といえる。赤土の起伏面が見えやすいように、草刈や清掃、一部の樹木の剪定（せんてい）や伐採といった「引き算」を行なった。

●**つくらない庭**……現地にもともとあるものを活かし、他所から材料を持ち込まないことを原則として、瓦（もとは赤土）の再生材を敷いた小道の整備とサインの設置など最小限の整備にとどめている。人間の手をできるだけ加えない庭、つまりは〈つくらない庭〉と言える。

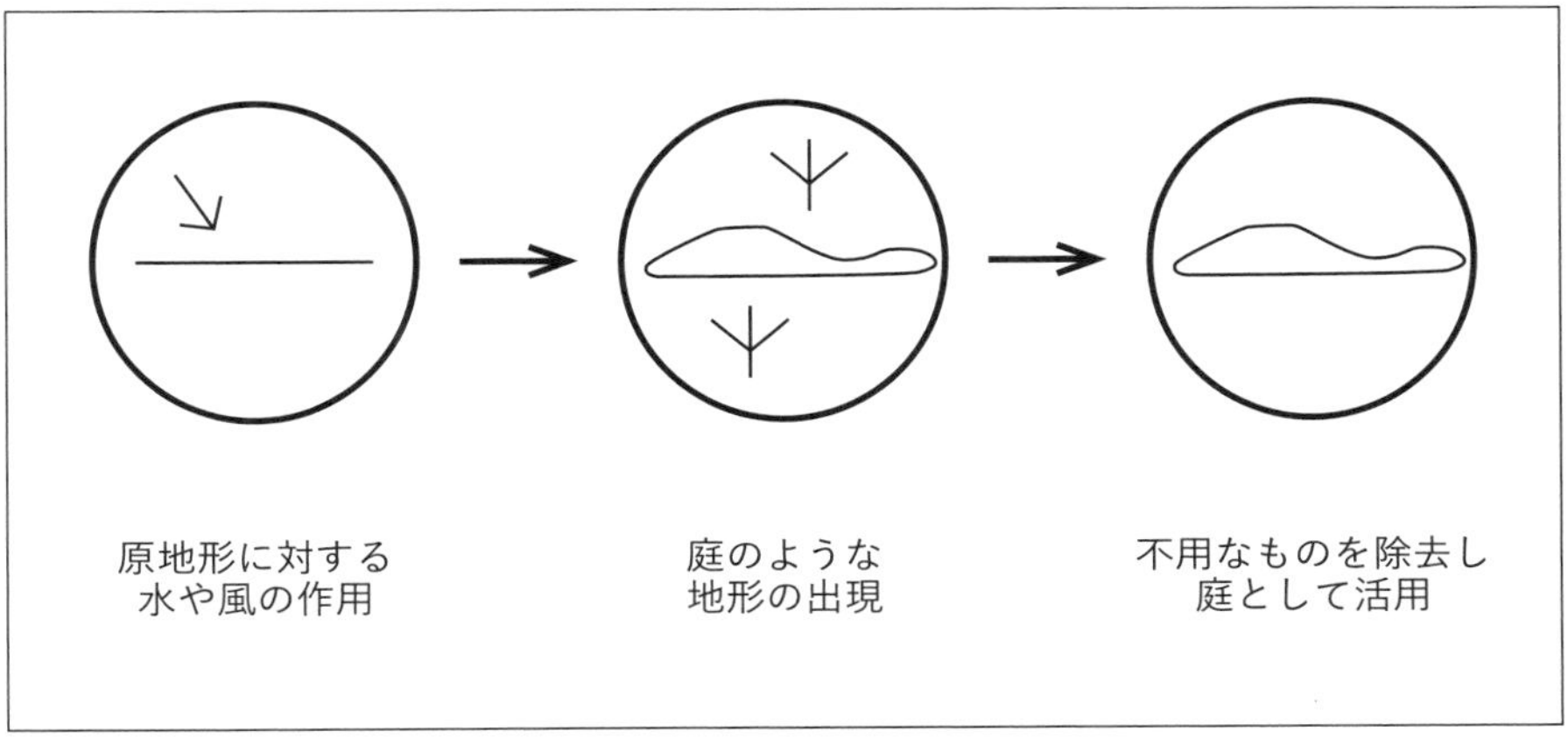

原地形に対する
水や風の作用

庭のような
地形の出現

不用なものを除去し
庭として活用

模式図５ 自然地形を活かす造景

6 自生する木々 ―― 現象としての樹景

公園の風景は樹木が大きな要素を占める。樹木の成長によって、その風景は徐々に変化していく。樹木のつくり出す風景（樹景）は、樹木の生命の営みが長年月にわたり蓄積され、季節による変化も加わって出現したものである。そのような「現象としての樹景」の形成について、ここでは〈植える、残す、生える〉の三つの方法に着目して考えたい。

〈植栽〉と〈自生〉

公園の中に生えている木々を、植栽か自生かという観点で見ると、

●公園が造られる時（その後も含めて）、人の手によって植えられたもの〈植栽木〉

- 公園が造られる前から生えていて、公園が造られた後も残ったもの〈既存木〉
- 公園造成後、その場所（環境）に自然に生えてきて成長したもの〈自生木1〉
- 樹木が生育しやすい環境を整えた場所に生えてきて成長したもの〈自生木2〉

などに区分することができると考えられる。

この区分をもとに、これまでに観察した事例を紹介し、現象としての樹景のあり方について検討する。

〈植栽木〉の成長による樹景の生成

年月を経て大きく枝を広げた樹木の姿は公園景観の主役となる。それは樹木の生命力がつくり出すもの、現象としての樹景の生成（造景）である。植えられてから20～30年も経過した時点で当初と比較してみると、その変化に驚かされる。

芝生の中に大きく育った樹木は、芝生の広がりとの対比によって樹形の美しさが引き立つ。そのような大樹は公園の風景の魅力を高めてくれる。そこにいのちのいぶきを感じ取り、心が癒される効果も生まれる。

県民公園太閤山ランド
サイクリングセンター開所時（1984年）

植栽とその後の成長
県民公園太閤山ランドのサイクリングセンター前のケヤキ（2008年）

〈既存木〉〈既存樹林〉を活かす

もとから生えていた樹木・樹林がある場合は、できるだけこれを残して公園に活かしたい。残された樹木、樹林は、新しく植えたものにはない自然らしさがあり、大きな木々が生えそろった場所は公園の見どころとなる。

河原に自生したヤナギの林を残して公園としているものとして、富山県入善町（にゅうぜんまち）の墓の木自然公園がある。都市公園に位置づけられているが、その自然性豊かな様子から自然公園という名がつけられており、水辺の既存の樹林を活かした楽園のような場所となっている。

〈自生木〉の魅力

公園が造られた後、ある場所に樹木が自然に生えてくる場合がある。どこかから タ

植栽木　ユリノキの木蔭
（太閤山ランド）

植栽木　ケヤキのある芝生
（太閤山ランド）

既存木（コナラ、スギ）の活用
（太閤山ランド）

既存樹林（雑木林〈コナラ林〉）
（太閤山ランド）

ネがたどり着き、その場の環境に合ったものが成長したのである。そのような自生木には植えたものにはない伸びやかな樹形の美があることが多い。意図的な植栽デザインではなく偶然の結果ではあるが、公園によい効果をもたらすこともある。そのようなものを残すことで公園としての魅力が高まれば、偶然も好都合となる。

かつての富山城址公園の中には、二つの石垣の間の斜面に美しい樹形のシンジュ[注7]の木が群生した場所があった。そこには園内の他の植栽地にはない自然を感じさせる魅力があり、心に元気をもらう場所だった。誰がこのように植えたのか知りたいと長らく思っていたが、後に、この

【注7】
シンジュ（別名ニワウルシ。漢字は神樹）
ニガキ科の落葉高木。中国原産。種が風で飛んで空閑地に自生する。成長が早く大木になる。

既存木（ヤナギ類）の活用
（墓の木自然公園）

川辺の既存林（ヤナギ林）の効果
（入善町・墓の木自然公園）

自生木の魅力。すくすくと育つ水辺のハンノキ
（太閤山ランド）

公園に詳しい近くの老舗の造園業の主人に聞いてみると「あれは植えたのではなく自然に生えてきたのだ」が答えだった。私の好みの木は植栽木ではなく自生木だったということが判明したのである。

〈自生木〉による緑化

樹木がなるべく自然に生えてくるような環境を整え、そこに出現するものを活かす緑化の方法がある。〈誘導的自生木〉とでもいうべきもの。前項の自生木が偶然であるのに対して、こちらは誘導を図る、意図的なものを加えようとする方法である。

このような緑化の方法としては、技術的にいろいろなものが考案されている。植物が侵入しやすいよう生育基盤（環境）を整備し樹木の種

自生木の魅力　湿地に進出したヤナギ類
（黒部市総合公園）

自生木の魅力　シンジュの木の群生
（富山城址公園）

先駆植物（ヤマハンノキ、ヤシャブシ）の植栽と自生樹木（ネムノキ、アカメガシワ、スギなど）による樹林回復状況
（埴生護国八幡宮境内林、2019年）

台風倒木地（倒木片付け後）の状況
（左と同一場所、2005年）

自生木による緑化

を撒く方式、同じく種を含む森林の表層土壌を撒く方式、同じく小さな苗木を密に植える方式（エコロジー緑化）。先駆的役割を持つ樹木を島状に点在させて植えることで自生木が進入して樹林をつくりやすい環境を整える方式（パッチ植栽法）などがある。

いずれの方法も生育環境を人為的に整え、そこに種や苗を導入することで、樹木の生命力が発揮され、目的とする樹木・樹林の育成が達成されることをねらいとしている。

現象造景の観点から見ると、このような緑化の手法は、樹景がおのずから出現するように成育環境（播種や植栽のための基盤など）を操作する方法と言える。人はそれぞれの樹木が持っている本来の美しい姿が出現しやすいよう手助けをするという役割を受け持つ。このような発想に立ち、それぞれの現場に合った手法を適用することで、〈現象として出現する自生木〉による美しい樹景をつくり出したいものである。

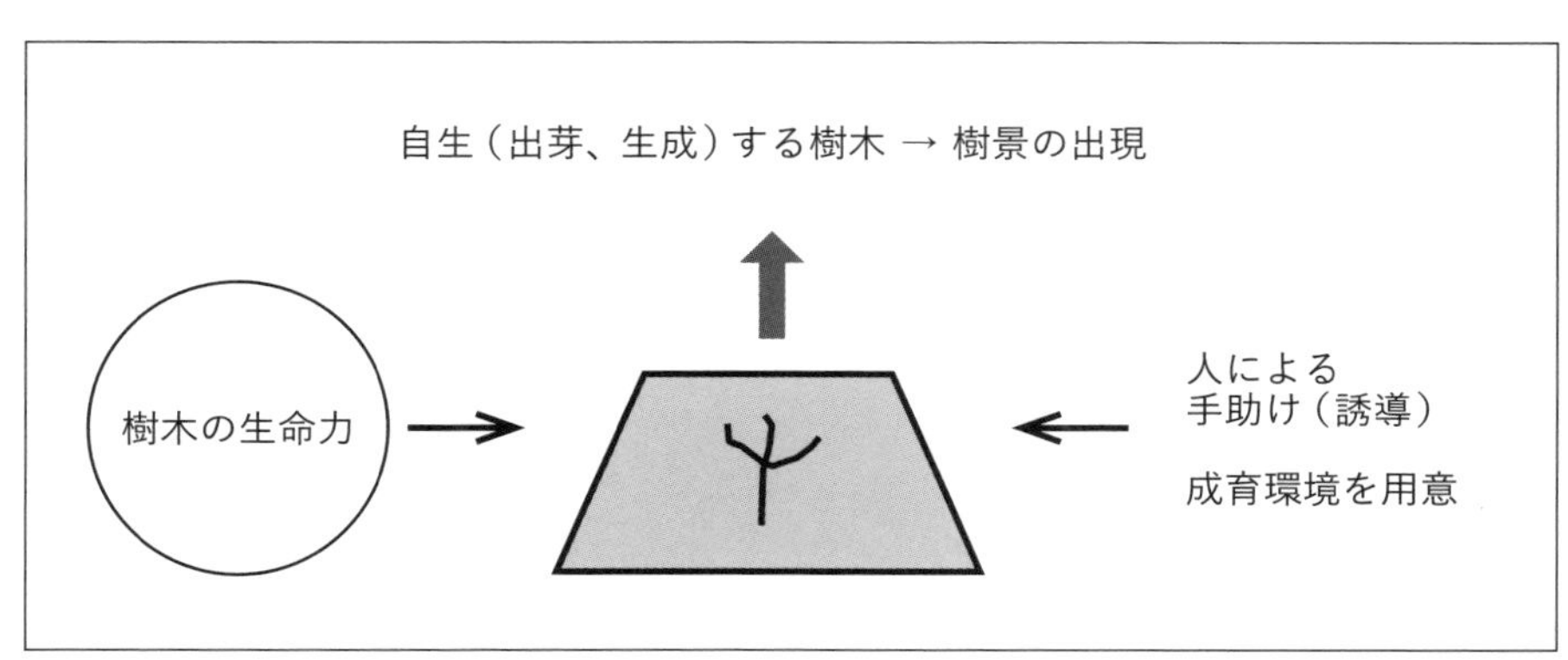

模式図６　現象としての樹景の形成

7 水面の力 ―― 環水公園の成り立ち

富岩運河（ふがん）は、昭和の初めの都市計画によってつくられた、富山駅北と岩瀬港を結ぶ全長約５㎞の運河である。一時は埋め立ても計画されたが、まちづくりのために水面を残して再生が図られ、富山駅に近い旧船溜（ふなだ）まりを中心とする約10haが富岩運河環水（かんすい）公園として整備され、多くの人が訪れる場所となっている。ここではこの公園の成り立ちについて、水面・水辺・水系に着目して再考してみたい。

現在の環水公園がある場所は、かつては曲流する神通川（じんずうがわ）本流の河道内に位置していた。明治30年代に郊外に直線の放水路が開削され、やがて、こちらが神通川の本流となった。次いで富山県によって１９２８（昭和３）年に着手された都市計画の一環として、富山駅北と岩瀬港を結ぶ富岩（ふがん）運河が整備され１９３４（昭和９）年に完成した。洪水を頻繁に起こす自然の河川は郊外へ追いやられ、代わりに人工の運河の水面が都市近郊に生まれた。神通川の旧河道の凹地を利用し、運河南端部には広い水面（船溜まり）が設けられた。環水公園はこの船溜まりの水面を活用したものである。

〈「水は邪魔者」から「水を活かす」へ〉

やがて高度成長期になると輸送が船からトラックに代わり、中島閘門（こうもん）以南（約２㎞の区間）は運河として使われなくなった。昭和50年代半ばの運河は、船も通らず環境が悪化（ゴミ・悪臭・蚊の発生など）して邪魔者扱いされ、富山県は１９７９（昭和54）年にその埋め立てを計画した。富岩運河は消滅の危機に瀕したのである。その頃の船溜まりの水面は土砂が溜って葦原（あしはら）が散在し、水鳥の格好の生息地となっていた。運河という人工物が放置されたことで、人間にとっては環境が悪化したが、水鳥にとってはいこいの場所となっていたのである。

しかし、昭和50年代後半になると、富山駅に近い運河の船溜まり部分に着眼してこれを都市計画に活かそうとする発想が生まれ、１９８３（昭和58）年、その公園化の検討が開始された（筆者はその当時、担当の公園緑地係長であった）。埋め立てから水面再生へ転換する最初の一歩だった。水運の空間から、水を活かした都市のオアシス空間へ向かっての歩みが開始されたのである。その後、平成の時代には運河の水面を活かした再生整備が進められた。

このように水面を「埋める」から、水面を「残し・活かす」への転換が図られていった。水面を「埋め」

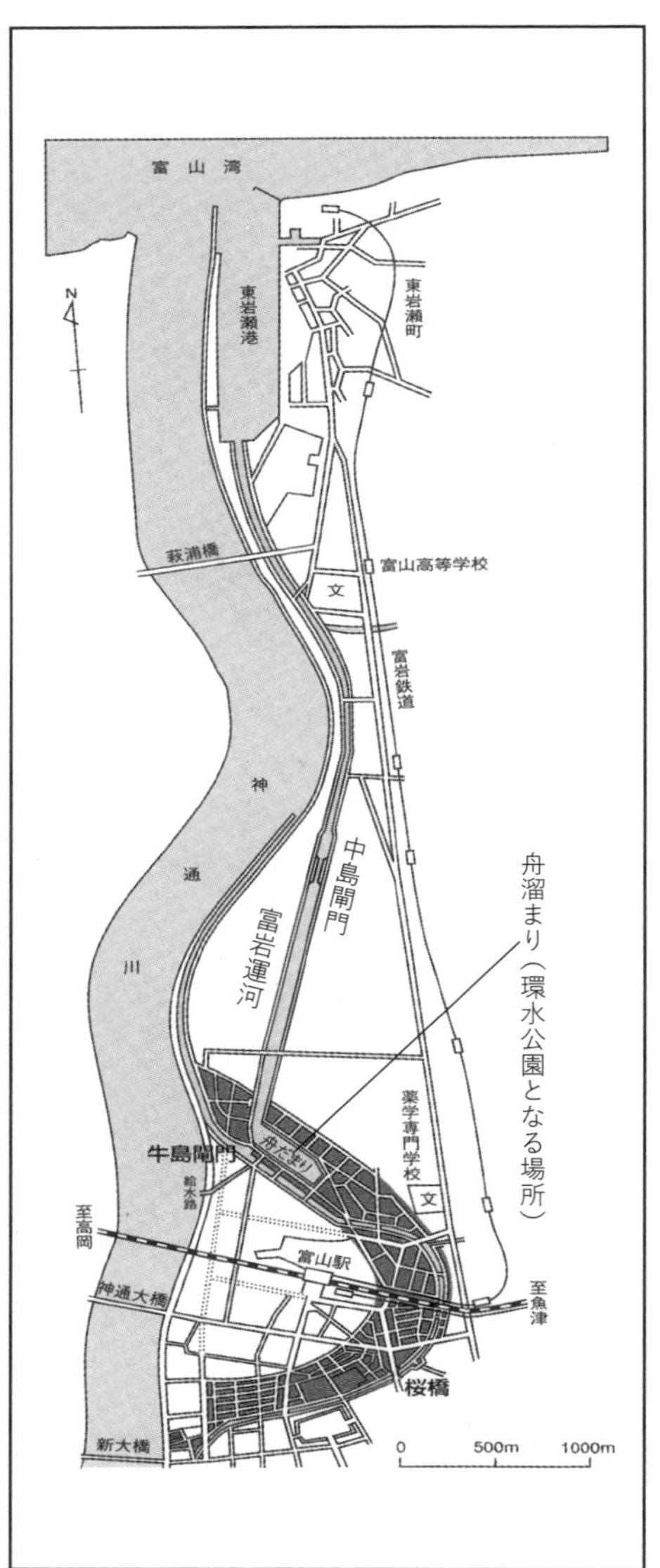

都心の土地区画整理と富岩運河
出典：『富山都市計画事業概要』

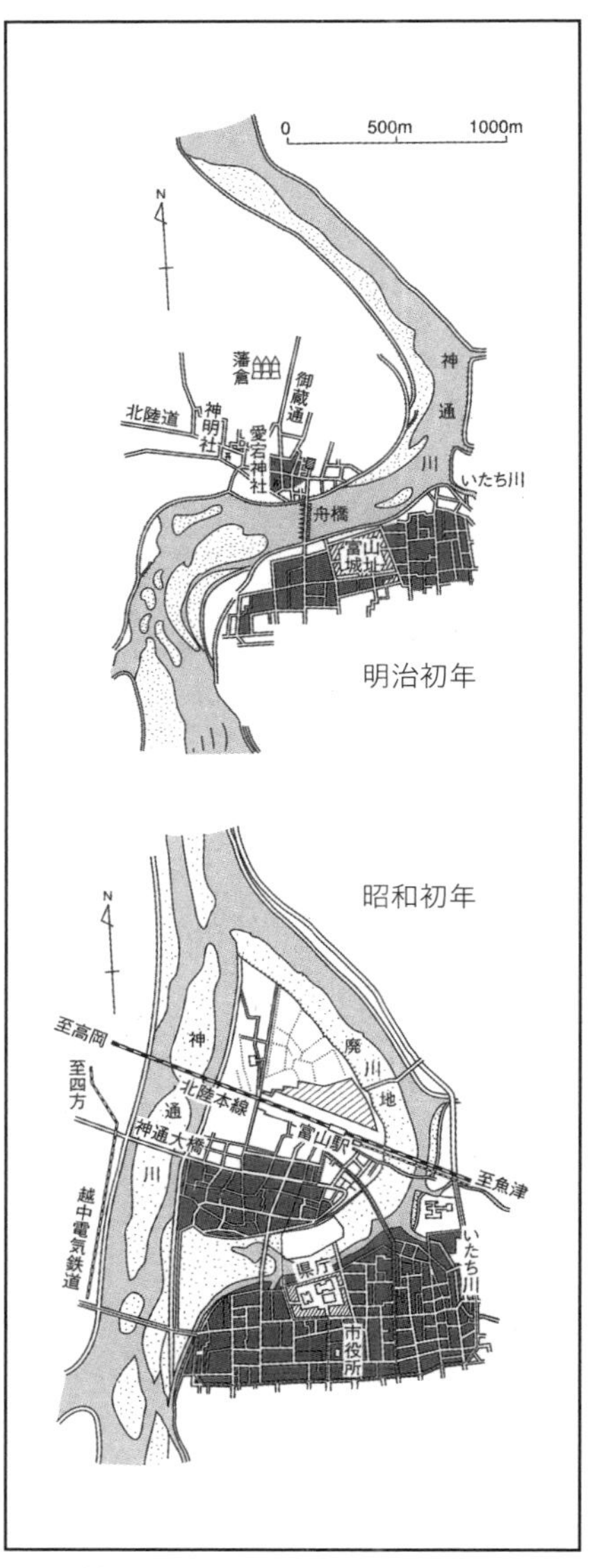

明治初年と昭和初年の神通川と富山市街地
出典：『神通川とその流域史』

図２　環水公園立地場所の水面の変遷

て都市をさらに人工化するのではなく、水面を「残し・活かす」ことで都市と自然との調和を図り、水と共存しながら都市の魅力を創出する道が開けた。このようにして水の公園が誕生することとなった。

水面を活かすデザイン

水と共存する都市の魅力を創出するためには、環水公園はどのようなものであるべきか、ここにおいて水面をどう活かすか、水辺をどうつくるかといった公園のデザインが重要となってくる。

整備後の富岩運河環水公園（2014年）

整備前の富岩運河船溜まり（1984年）

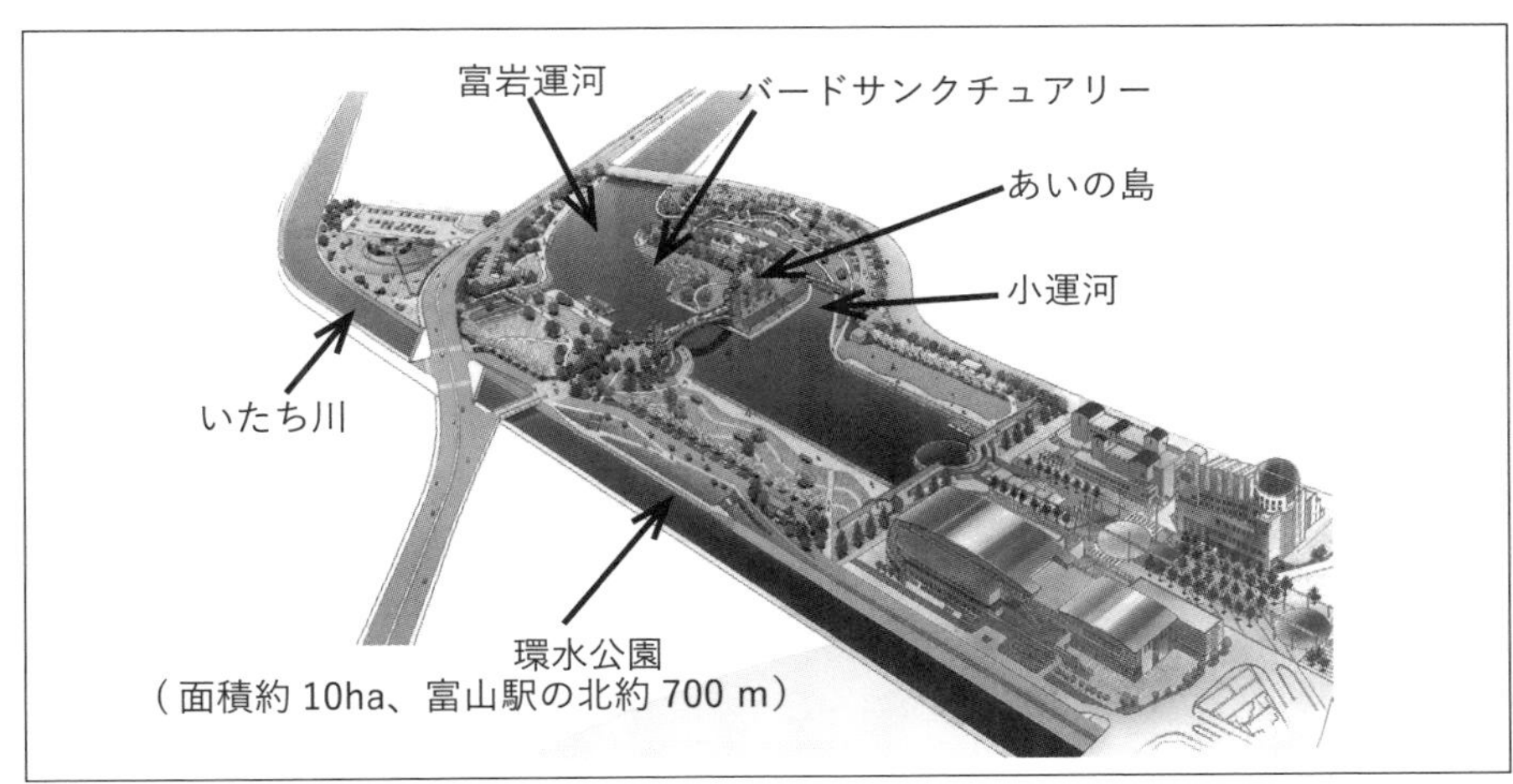

図３　富岩運河環水公園（2011）
小運河、あいの島、バードサンクチュアリーの位置

●公園の基本デザイン

1988（昭和63）年には公園の基本デザインコンペ（設計競技）が行なわれた。公園の基本の形を定めるもので、水面を活かしたデザインの提案をしてもらうため、注文主としての県の考え方をまとめた（本章［参考3］環水公園のデザイン条件、96・97頁参照）。

このコンペで選ばれた案は、運河水面を極力活かしながら、新たに小運河を開削し、それによってできる島を生物の楽園とする点に特色がある。これをもとに設計が行なわれ、都市公園として工事が進められることになり、1992（平成4）年に着工、2011（平成23）年に完成した。

●小運河のコンセプト

小運河の提案に関して、設計者（環境デザイン研究所・代表仙田満[注8]）のコンセプトは、水鳥が集まる運河本線を避けて船を通すことができるよう小運河にバイパス機能を持たせ、小運河の開削によってできる島（「あいの島」）の運河本線側の水辺に野鳥の楽園としてバードサンクチュアリーを設けるというものであった。

水辺の創出 ―自然生物との共存

2005年、バードサンクチュアリーの造成工事に当たり、水際や島のつくり方について筆者がかかわる機会があった。野鳥にとってどのよう

造成直後（2006年8月）

植物が繁茂（2010年10月）

最近の状況（2019年8月）

バードサンクチャアリーの環境変化

な形がよいのか思案の結果、①水面と陸地を行き来しやすいよう水辺をなだらかにすること、②安心な場所と感じるよう運河本線と入り江の間に砂州が伸びたように囲うこと、③入り江の中に州浜のような平定な島を造ることを設計に盛り込み整備された。また入り江の水面や島にやって来る生物を観察しやすい位置に観察舎が設けられた。

●二つの島で自然的環境を創出

このようにしてつくられたバードサンクチュアリーは、環水公園の他の場所のすべてが人工的な護岸となっているのに対して、ここだけ護岸がなく、自然の水辺のようにつくられている。人工物と自然との共存、共生が図られ、小さいながらも自然生物の楽園となっているのである。人工的な島（「あいの島」）の一部に自然化された島（バードサンクチュアリーの水面に浮かぶ州のような島）があって自然的環境を創出している。

●自然の営みを組み込む……共生の思想

現在では継続的に野鳥観察会が開催されるなど自然観察スポットとして定着している。人工的な水辺空間の一部に自然的環境が形成され、生物

【注8】**仙田　満**（せんだ・みつる、1941-）
日本の建築家、環境デザイナー。子どものあそび環境の研究、設計の第一人者。富山県では、県民公園太閤山ランドの基本設計、こどもみらい館の設計、富岩運河環水公園の設計などに関わった。

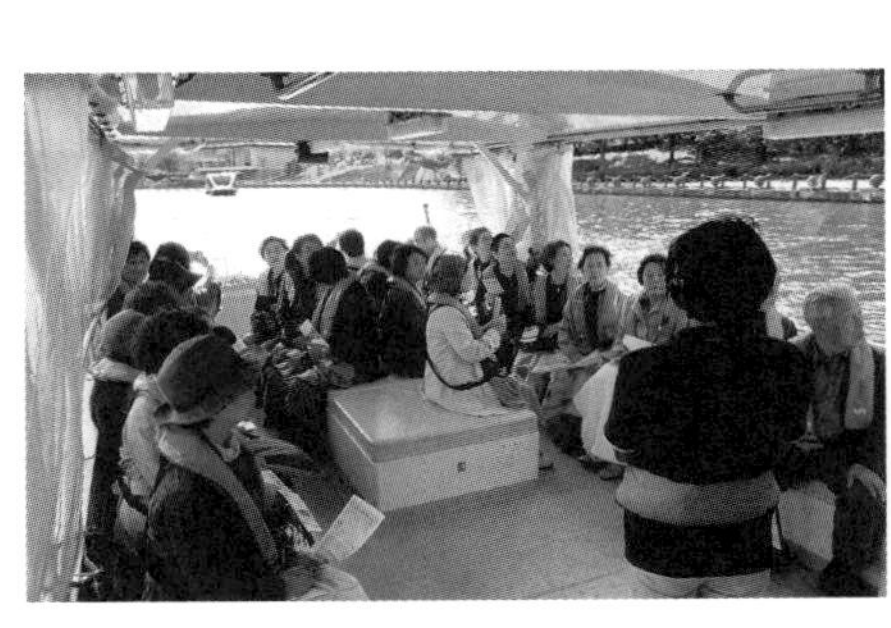

富岩運河水上ライン

コーヒー店から眺める水面

の生息空間（ビオトープ）が創出されたことの意義は大きい。都市内に残された貴重な水辺環境として、環水公園そのものも、このバードサンクチュアリーも、自然との共生を大切にしてつくられていることを思い返したい。

水面の活用

運河の形を引き継ぐ護岸に縁どられた水面はきわめてシンプルであるが、それがかえって現代都市の水辺としてふさわしく、さまざまな現象や出来事が生起する舞台となる。中心が広い水面で占められているというのがこの公園の大きな特質である。

●コーヒーショップやレストランからの眺め

２００８（平成20）年、全国の都市公園で初めてスターバックスコーヒー店が、２０１１（平成23）年にはフランス料理レストランが園内に開店した。いずれも水面近くにあり、店内から水面を見渡すことができる。コーヒーショップの椅子から眺める水面の景観はリピーターを確保するための資源である。水面とお店がお互いの魅力を引き立てあっている。

●船の運行（遊覧船）

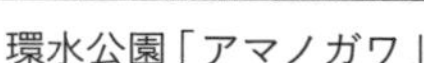

環水公園「アマノガワ」

カヌー教室

２００７（平成19）年、富岩運河チャータークルーズの運行が始まり、2年後の２００９年に遊覧船とボートを導入、富岩水上ラインとして定期運航が開始された。以降、今日までにソーラー船３隻が順次就航し、近年（２０１７年）では年間利用者約５万人、乗船客累計約30万人を数えるまでになっている。

●水面を利用した催し

水面の利用としては定期的なカヌー教室の開催や舟橋体験などがある。また、水面景観を最大限に生かした参加型の光のイベント「アマノガワ」などが行なわれてきている。

水面の力

環水公園は歴史的な運河を基盤に公園として整備され、多彩な賑わいづくりによって富山県を代表する観光地となり、さらに最近（２０１７年）の富山県美術館の開館によって芸術文化の役割も有する水辺のオアシス（楽園）となった。この公園は長期にわたる多様な営みによって「進化」してきたと言える。その間、いろいろなものが付け加わってきたのであるが、常にその中心にあったのは水面の力というものであったと思う。

シンプルなつくりで水の他には何もないが、それゆえにあらゆるも

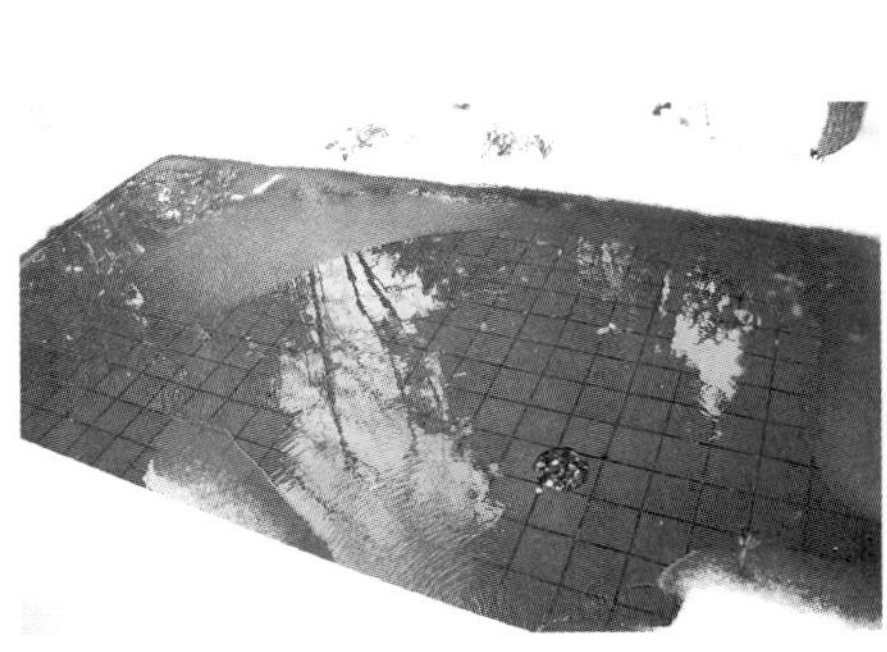
実験庭園（水雪の小庭）の水面

環水公園の水面

中心に矩形の水際線で囲まれたシンプルな水面を置く構成

のを受け入れ、空の色や光を映し出し、その日の空模様や風の吹き方によって常にその表情を変える水面は、人々に自然を感知させる「都市の水鏡」となる。このような変化する自然の現象とともにある水面こそ、現代都市の楽園の中心にふさわしいものだったと言えるのではあるまいか。

「環水」の意味 ―― 水系のつながり

「環水公園」の名は県がネーミングを依頼した詩人の大岡信（おおおかまこと）（1932－2017）氏の提案によるもので、「環水」とは地域から地球までの水の循環のつながりを示す言葉とされている。この公園の水面は他の水域、水系とつながっている。公園の水はすぐ隣を流れる「いたち川」（常願寺川水系）から導水されている。かつては運河の底から清水が湧き出し、付近の子どもたちは運河で泳いだとのこと。富岩運河は立山を水源とする常願寺川扇状地の伏流水の水脈の上に位置しているのである。

また、環水公園の水は富岩運河を通って富山湾へ至り、日本海、世界の海とつながっている。「環水」という語から、そのような地球的規模での水の循環という大きな現象に思いを馳せたい。

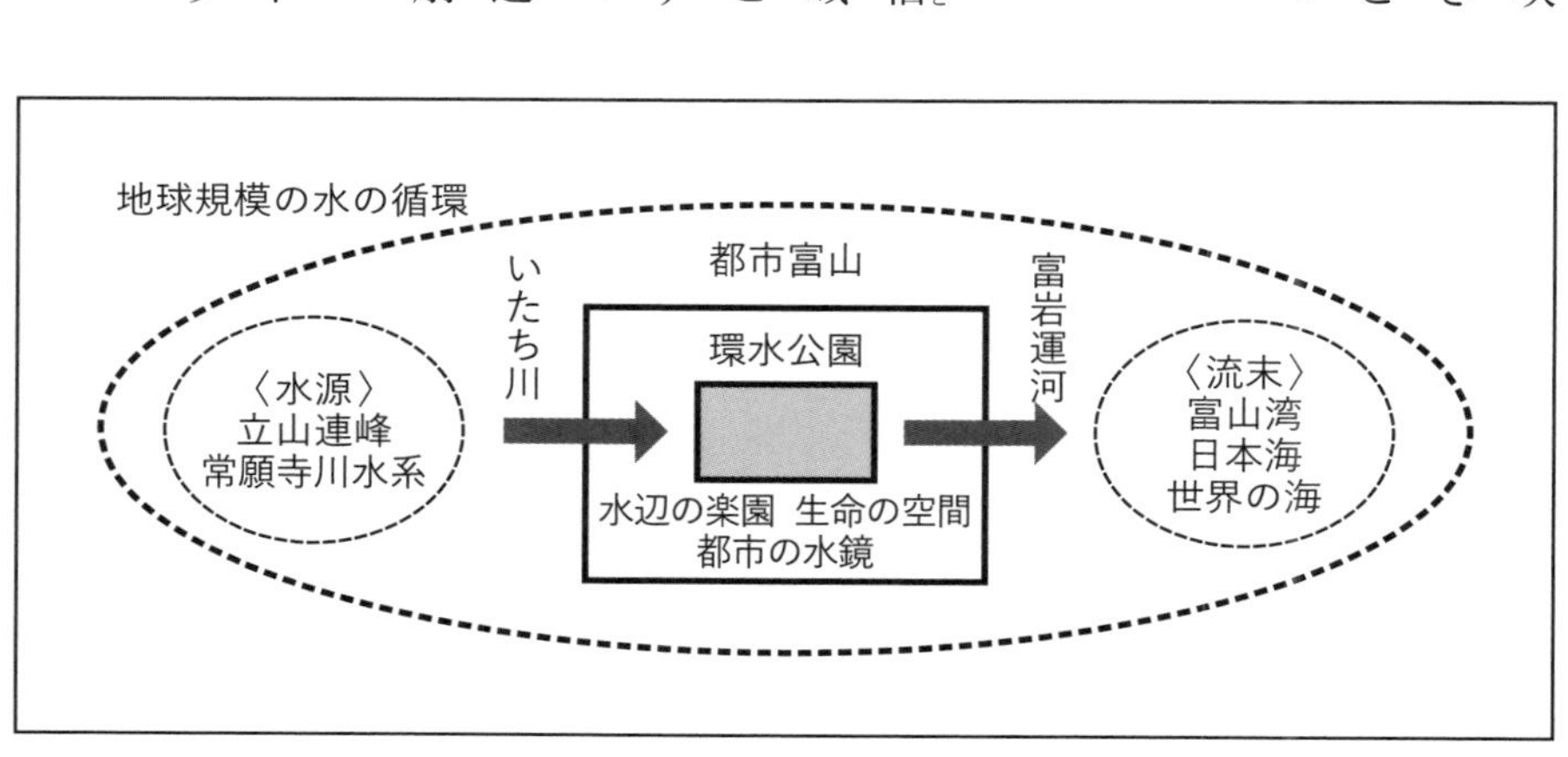

模式図７　都市の水面による造景

［参考２］ 富岩運河環水公園　略年表

河川の時代	明治30年代	郊外に神通川の放水路（幅の狭い直線の馳越線）が開削される … 現在の環水公園の場所は富山市を曲流する神通川の河道内に位置していた
	大正11（1922）年	この水路が本流（現在の神通川の河道の位置）となる … 旧河道は地域を分断
	昭和3（1928）年	富山県は近代富山市の骨格を作り上げる都市計画に着手
運河の時代	昭和5（1930）年 ～昭和9（1934）年	富山駅北と岩瀬港を結ぶ富岩（ふがん）運河を整備 … この時、自然河川が人工運河に変わり、運河は富山の工業化に寄与
	戦後の高度成長期	中島閘門以南（約2km）は運河機能停止 … 環境悪化、邪魔者扱い
	昭和54（1979）年	富山県は埋め立てを計画 …富岩運河は消滅の危機に瀕した
	昭和58（1983）年頃	船溜まりに着眼し都市計画に活かそうする発想が生まれる
公園整備の時代	昭和58（1983）年	その公園化の検討が開始… 埋め立てから水面再生へ転換する最初の一歩
	昭和60（1986）年	とやま21世紀水公園神通川プラン策定… 船溜まりの公園化を位置づけ
	昭和63（1988）年	公園の基本デザインコンペ（設計競技） … 環境デザイン研究所案が選ばれた
	平成元（1989）年	都市公園として都市計画決定 （名称はカナルパーク、面積は県と民有地約10ha）
	平成4（1992）年	公園整備工事に着手
	平成9（1997）年	一部（泉と滝の広場）開園。以降、段階的に開園面積を拡張 … 当初の公園名カナルパークが、環水公園に変更された
	平成18（2006）年	日本の歴史公園100選（日本公園緑地協会主催）に選定される
公園の利活用の時代	平成18（2006）年 ～平成19（2007）年	環水公園等賑わいづくり会議… 利用活性化策を検討
	平成19（2007）年 ～	賑わいづくりの施策（多彩なイベント、広報など）を次々と実施 … その結果、利用者は徐々に増え、環水公園の知名度が向上
	平成19（2007）年	富岩運河チャータークルーズの運行が開始
	平成20（2008）年	スターバックスコーヒー環水公園店が開店 … 全国の都市公園で最初
	平成21（2009）年	富岩水上ライン定期運航開始 … 遊覧船sora（55人乗り）、ボートもみじ（11人乗り）導入
	平成23（2011）年	みはらしの丘が完成、公園全体を開園
	平成23（2011）年	キュイジーヌ・フランセーズ・ラ・シャンス（フランス料理レストラン）開店
	平成27（2015）年	平日の定期運航開始 … 新型ソーラー船Fugan（55人乗り）を導入
	平成29（2017）年	公園の西寄りの「いたち川」沿いに富山県美術館が開館
	平成29（2017）年度	美術館を含む公園全体利用者265万人（観光客入込数県内一） 富岩水上ラインの年間利用者約5万人（乗船客累計30万人）

［参考３］ 環水公園のデザイン条件

富岩運河環水公園（当時の名称はカナルパーク）の整備に先立ち、富山県は1988（昭和63）年に、この公園の基本デザインコンペ（設計競技）を行なったが、その際、コンペ参加者に提案してもらうためにまとめた条件（県としての考え方、いわば「注文書」）は次のようなものであった。

1　基本的条件　……この公園のコンセプト

- **21世紀における県都のシンボル的オアシス**
  〜 駅北地区新都市拠点整備の要としての位置づけ
- **水と緑の雄大な富山の新名所**
  〜 新しい富山の個性の創造による四季を通じた人々のにぎわい
- **自然と人とが調和した水環境の実現**
  〜 浄化による快適な水環境の実現と多様な水空間の演出

以上を要約するキーワードとして、**シンボル**（名所性）・**アメニティ**（快適環境）・**サービス**（楽しみ）を示した。

2　即地的条件　……敷地の状況、関連計画等から規定される条件および公園デザインの主要課題

- **船溜まりの静水面の広がりを活かす**（中央の核心部）
  水面の広さ、奥行きを活かす。水面の活用
- **静水面に接し、緑のスペースを確保**（北側、南側）
  快適な水辺・親水環境、水際線の構成
- **水環境と組み合わせて文化機能を導入**（東側等）
  特色あるウォーターフロントの空間構成
- **神通川、いたち川との一体化**（西側等）
  ３つの異なる水環境の連携活用、浄化用水路の設定と演出
- **立山連峰の眺望を活かす**（東側への眺め）
  アルプスを借景として景観構成
- **都市計画街路との調和**（西側、北側）
  西側の公園横断部分の空間構成、北側の橋のデザイン
- **水上交通（カナルバス）発着機能を確保**
  操船水域、ふ頭、待合スペース等の構成
- **連絡橋の構成を工夫**
  方式、構造の設定、デザイン、景観構成

3　内容的条件　……この公園が備えるべき特色

● **公園を特色づける８つの『景』をデザインする**

水の景：水空間の演出
橋の景：名物として親しまれるもの
緑の景：水と緑の組み合わせ
望の景：借景と展望の楽しみ
花の景：水と花の組み合わせ
雪の景：雪見の名所に
地の景：水をとりまく大地のフォルム
光の景：カナルパークの夜景

● **公園を特色づける４つの『もの』をデザインする**

のりもの：特色ある水上乗り物
いきもの：水鳥のウォッチング
たべもの：「うまいもの」の楽しみ
たてもの：水面に映える建物

（このデザイン条件は筆者ら当時の県の担当者が水面を活かし、魅力ある公園にしたいとの思いに駆られて作成したことが思い出される。ここに示した内容は、30年余の歳月と、多くの人々の力により、今日ではそのほとんどが実現している。）

水面（水鳥）、市街地、立山連峰

夕刻（光の景）、コーヒー店（左手）

水面、天門橋、ソーラー遊覧船

第6章　庭の始まり　――古語に探る

1　ニハ（庭）　――地面と水面

現代語の「にわ（庭）」という言葉は庭園の意味に近いが、古語のニハ（庭）にはもっと広い意味があったらしい。神事の世界ともかかわるようだ。古語のニハを辿り、庭の始まりに戻る気持ちで、この言葉の本来の意味について考えてみたい。

（なお本章での古語の表記は旧かなづかいによるものとします）

庭のもとの意味

古語辞典によれば、ニハ（庭）は儀式とか仕事をするために、広く空けてある場所、平らな広がりをいう言葉だという。今日の広場とか地面の意味に近い。造園してつくり込んだところではなく、何もつくられていないところがニハだったらしい。バ（場）もニハから転じた言葉とされている。

一方、今日の庭（にわ）にあたる、池を掘り島を築いた場所はシマと呼び、花木などが植えられた場所はソノ（園、苑）と呼ばれた。

砺波散居村（となみさんきょそん）の農家の周りの地面は「にゃーわ」と呼ばれる。そこは屋敷林の中で農作業などが行なわれる庭先の広場である。「にゃーわ」は「にわ」で、古語のニハ本来の意味を表わしている。

地面のニハ・水面のニハ

万葉集にはさまざまなニハが歌われている。

◆庭中（にはなか）の阿須波（あすは）の神に小柴（こしば）さし　我（あ）れは斎（いは）はむ帰り来（く）まで

──『万葉集』四三五〇

【意】アスハの神を祀る場所に小枝を挿して、私は貴方が無事お帰りになるまで身を慎んで待っています。

花を楽しむ庭
（ソノに相当）

造園された庭
（シマに相当）

にゃーわ
（玄関前の広場／ニハに相当）

砺波地方の散居村の中の農家にはニハ、シマ、ソノが見られる

庭中のニハは庭園ではなく屋敷の建物周りの地面の一角であろう。アスハの神は農業の神とも、旅の安全をつかさどる神ともいう。いずれにせよ地面に関係する神と思われる。ニハに祀るにふさわしい神と言える。

◆けひの海のには好(よ)くあらし　刈薦(かりこも)の乱れ出(い)づ見ゆ海人(あま)の釣船

——『万葉集』二五六

【意】けひの海は波が静かであるらしい、釣り船があちこちから出かけていくのが見える。

船で漁をする海面をニハと呼んでいる。これは「ニハが家屋に接した地面をいうのみならず、作業等を行なう広がりであったこと」（万葉語誌）によるものであろう。このように地面も水面も何かを行なう場（広がり）としてニハと呼ばれたのである。

神事の場としてのニハ

家の新築時に行なわれる地鎮祭(じちんさい)の祝詞(のりと)では、土地を敷きならした平らな敷地（地鎮祭の祭場）のことをユニハ（ユは神聖なという意味）と呼ぶ。古代の文献には、「ユニハ（齋庭）のイナホ（稲穂）」（日本書紀）という言葉もあり、天上の神々が営む高天原の水田もユニハと呼ばれたことがわかる。また神託を聞く場としてサニハ（沙庭、審神者）という言葉も見える。

　神事を行なう場が、ユニハとかサニハとか、ニハという言葉で表されていることについて、「ニハが異界と接する場であったためである」、「ニハは異界から訪れるものと人とが接する場所でもあったのである」との見解（万葉語誌）がある。人と異界（神的なもの）との接点がニハだったということになる。

ニフ（丹生）という言葉

ニハのもともとの意味を考える際に参考としたいのはニフ（丹生）という言葉である。ニフとは、洪水の後、水によって運ばれてきた土砂が堆積し、真新しい赤土が張り出した様相をいう、との説がある（いずみおきなが著『コトダマの世界』）。これは定説とはなっていないが、たいへん興味深い考えであると思う。

かつて、土取り場や河原で観察していて、新しい土砂堆積の清々しさに感動した経験がある。水で運ばれてできた新しい地面にはとても清らかなものを感じる。土砂がつくり出す清浄美がある。そのような地面をニフと言ったとすれば、ニハと関係がありそうに思われるし、ニヒ（新）とも連なるものがあるのかもしれない。

水面と庭

地面に水面が加わると庭の表情は大きく変化する。日本庭園の多くは先に述べたシマの伝統を引き継ぐものであるらしく、中心に広く池を設けているものが多い。海に浮かぶ島に理想の楽園を求める心がつくり出したデザインであろう。シンプルな池の

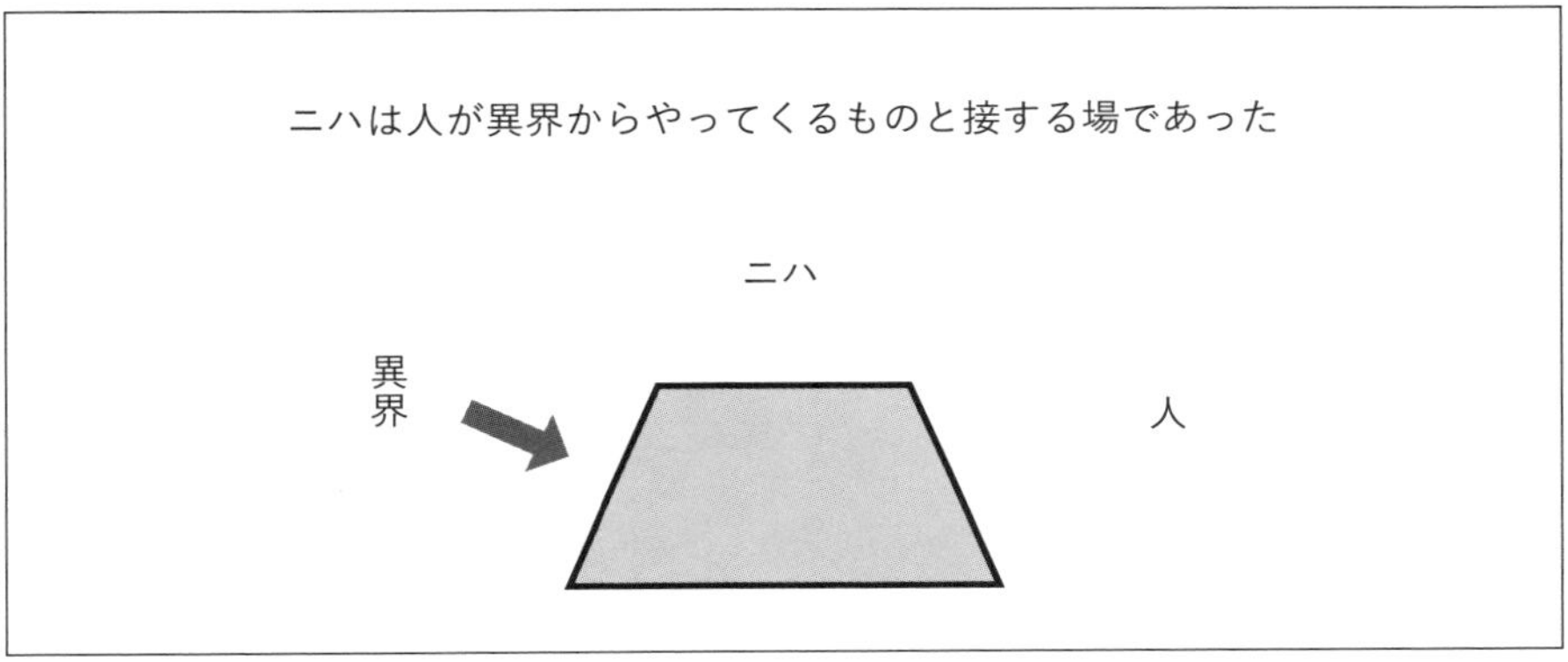

模式図８　ニハと異界

平面的広がりが景観に間（マ）をつくり、島や磯や浜、建物や橋などを引き立てる働きをしている。

風がなく海面が静かなさまをいう日和（ニハ）という言葉もある。古語のニハは土の場合も、水の場合も、平らかな広がりのある場所であることが共通している。

ニハタヅミ
——水面と地面のまだら模様

「ニハタヅミ（庭潦）」とは、土でできた広場などに雨が降ってあちこちに水たまりができ、そこからさらに水が流れ出している状況をいう言葉とされている。語源は諸説あるが、「ニハ（庭）タツミ（立水）（雨）」（松岡静雄『日本古語辞典』）の意味ではないかと思われる。タツはユフダチ（夕立＝夕立水）と同じく現象として出現する水（雨）の意味であろう。

土砂の運搬と堆積（土取り場での観察）

小石と砂の堆積（河原での観察）

◆み立たしの島を見る時　にはたづみ流るる涙止めそかねつる

【意】皇子がお立ちになった庭を見る時、（庭たづみがあふれて流れるように）涙が流れて止めることができない。

――『万葉集』一七八

◆難波潟潮干のなごりよく見てむ　家なる妹が待ち問はむため

【意】干潟に海水が残るまだら模様の様子をよくみておこう。家にいる妻が旅の土産話を聞こうと待っているから。

――『万葉集』九七六

ニハと水たまりの配置関係を考えると、ニハタヅミはニハの一部が水たまりや流れになっており、水と土がまだらに混在している状態である。干潟に見られる「潮干のなごり」も同様の状態である。古代人はそのような自然現象として出現したまだら模様の景（カオス的な風景）を見て、そこに神意を感じたらしく思われる。

庭の原像

粘土の神様に埴安姫（はにやすひめ）の神があり、土器をつくることのできる粘土すなわち埴（ハニ）は霊力ある土と考えられていたらしい。埴生（ハニフ）のフとは何々があるところの意味（芝生のフも同じ）で、埴生は粘土を産す

潮干のなごり
（厳島神社社頭の干潟）

水たまりと草
（ニハからシマへ）

水たまり
（水面のニハ）

地表面のわずかの凹凸がつくり出す水たまりの模様（現象としての景の生成）

る土地をいうとされる。

現代語の「匂い」は嗅覚に関する言葉であるが、古語のニホヒは色彩（視覚）に関する言葉で、「ニは丹（赤土の色）、ホは穂（抜きん出て現れているところ）の意味」（岩波古語）という。

万葉集の「白波の千重に来寄する住吉の岸の黄土（ハニフ）ににほひて行かな」（九三二）は、黄土の色に衣を染めて、その土の力をいただいて行こうの意味である。

「ニが霊威・霊力そのもの、あるいはそれが宿るものをいい、ニホフはニの発現、広がりである」（万葉語誌）とするならば、ニホフ（丹穂ふ）とは赤土の霊力が出現するさまをいう言葉だったといえる。ハニフ（埴生、黄土）も元来は赤土や黄土の霊力が現われている場所をいう言葉であったのではないかと思われる。同じようにニハのニにも土の霊力といったものが潜んでいるのかも知れない。

ともあれ、ニハとはまず地面であり、何かをするための広場であったこと、さらに水面もニハと呼ばれたこと、このことを踏まえ、地面と水面に立ち戻り現代の庭を考えたい。

また、「ニハ」が異界と接するところであったことに思いを寄せ、自然界から現象の美が立ち現われる場として庭を考えたい。

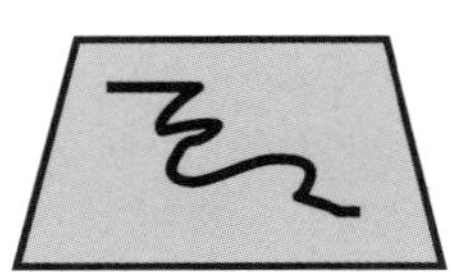

模式図9　ニハの原像

2 ノスヂ（野筋）──起伏する大地

ニハ（庭）が平らな地面であるのに対し、ノ（野）には起伏がある。野は山と里の中間地帯に広がる山麓や丘陵地にあたり、丸みを帯びて緩やかに起伏する地形が見られる。そのような大地の起伏する姿は、日本の庭園や絵画に取り入れられ、ノスヂ（野筋）と呼ばれた。

庭園のノスヂ（野筋）

「野筋」は日本庭園の用語の一つである。『作庭記』には「山も野筋もなくて平地に石を立つる、常事也（つねことなり）」とある。野筋は古代にはなかった言葉で、平安時代から使われた言葉とされている。辞書には「庭園で、築山の裾などにゆるやかな起伏を造った部分。野草を植えて野の景趣をうつす」（広辞苑）とある。つまり野筋はなだらかな大地の起伏をいう言葉である。

この手法は日本庭園でよく見られる。仙洞御所（京都府）の池沿いの道の野筋の景観はまことに伸びやかである。足立美術館（島根県）の庭では規模の大きな野筋の丘が、手前の白砂の庭と背景の山との間を区切り、見事な借景の庭をつくり出している。また野筋の芝生は散在する松の姿を引き立てる役割を担っている。

大和絵でもこのようななだらかな起伏をもった野筋の姿がよく描かれる。それは「土坡（どは）」とも呼ばれている。やさしくふくよかで、世界を包み込むような大らかな大地のフォルムの表現である。

今日の造園では、この野筋という言葉は使われず、一般に「築山（つきやま）」が使われる。平らな地面では風景としての面白みに欠けるので、大地にゆるやかな高低変化をつけるのである。今日の都市公園においてもよく使われている手法である。

地形と地霊

さて、漢字学の白川静（しらかわしずか）（１９１０－２００６）の著作を読むと、神々と共にあった古代人のものの考え方を教えられる。例えば、その土地の風景をすばらしいと詠む歌はたくさんあるが、それは国褒め、土地褒めの行為であり、地霊に対する表敬の意味を持つものだという。そして、

池の辺の野筋
（仙洞御所）

野筋に松のある景観（足立美術館庭園）
遠くの山を借景としている

次のように述べる。

◆古代の人びとは生命や霊魂の表象を、しばしば自然現象や、その存在の姿のうちに認めた。

自然の現象、自然の変化し流動するもののうちに、生命的なものをみるのみではない。たたなはる山なみも、野山を越えて遠くたどりゆく道の長手すらも、古代の人びとの心象のなかでは、生命あるものであり、生命的なありかたの表象であった。

――『中国古代の民俗』

とすれば、ノスヂ（野筋）のような大地のうねるような姿は、古代人にとって地霊のなす仕業（しわざ）であり、生命的、霊的なものの活動と見られていたということになろう。大地の造景である野筋（築山）にわれわれが求めるもの、感じるものは、ひょっとすると遠い古代の人々のものの考え方とどこかでつながっているのかもしれない。

ノスヂ（野筋）の造形

ノスヂは大地が描く曲線美である。ノスヂの立体的フォルムの美しさは草木が生い茂った場所ではかくされてしまうので、草木を取り除

現代の野筋〈自然地形の活用〉
（太閤山ランド）

現代の野筋〈築山〉
（黒部市総合公園）

いて土をむき出しにする、あるいはせいぜい苔や芝、笹や草花で覆うにとどめる必要がある。

丘陵地や山裾など自然の起伏がある場所では、自然現象として出現したノスヂの美を生かす方法を考えたい。起伏のない平坦地では、小さなものから大きなものまで、立体的・レリーフ的造形としてノスヂの美を主題にした庭の可能性がある。

切れとつなぎ

現象を活かす庭の観点からは、丘のフォルムが切り取る空の造形、大地と空を直接つなぐ造景に着目するのもひとつの方法である。

岡本太郎（1911―1996）は、著書『日本の伝統』の中の庭園論「中世の庭」において借景の手法を取り上げ、次のように言う。

◆（借景式というまことに驚嘆すべき技術は）むこうの実の自然を取り入れるために、手まえにはまったく人工的で抽象的な、虚の世界を構成する。そして手まえと向こうの間を空（くう）にするか、低い生垣または土塀をもって一線に区切り、遮断するのです。

（中略）

一線に区切った―とたんに自然は自然として、人工は人工と

ノスヂ（野筋）のニワ（自宅の苔庭）
元からの地形を生かし造園（コケは自生）

赤土の庭（太閤山ランド）
自然がつくり出したノスヂ（野筋）のニワ

して、実は実として、虚は虚として、二つの対立極は相互に高度な緊張をおびてはたらきかけ、その間に火花を散らすのです。
これは今日の芸術の最も新しい課題にそのまま通じる、おどろくべき弁証法的技術であると言わなければなりません。

岡本太郎の言う今日の芸術の最も新しい課題とは、現代美術における「コラージュ（切り貼り、パピエ・コレ）」や「カットアウト（画面の一部をある形に切り取り、別の絵柄をはめ込む）」に代表されるような「切ってつなぐ」類の技法を指すものと思われる。

日本庭園の借景の手法は、中間の景を遮断して、近景と遠景を繋ぎ合わせる方法であり、風景の「切れとつなぎ」の技法と言える。遮断は塀や生垣や築山（野筋）によってなされることが多い。まさに風景のコラージュと言える。余分なものを隠して見えなくしてしまうことで風景が効果的に見えるようになるのである。

日本では庭園だけでなく大和絵でも雲、霧、霞を大きく描いて余分な風景を隠し、見せたいところだけ見せるという手法が昔から用いられてきた。現代アートの切り貼り技法のようなことが昔から普通に行なわれてきていた。このことで画面が整理され、対比効果が生まれる。庭園の借景にも通ずる原理である。

風景のコラージュ
視点を下げて中景をカットし、地面と空をつなぐ

通常視点から見た風景
乱雑な中景が見える（左と同じ場所）

3 スハマ（州浜）〈その1〉――風景の文化

スハマ（州浜）というものに興味を抱いてから随分時間が経ったが、これまで調べたり考えたりしてきて、スハマは自然現象をもとにした日本の文化として重要な意味を持つものであることがわかってきた。それは伝統的な風景文化のひとつと言えるものであった。そのことについて書いてみたい。

スハマという名のお菓子

子どもの頃、家にスハマというお菓子が置いてあった。「す・あま」の意味かと思って食べると酸っぱくはなく半生（はんなま）の甘いお菓子だったので、なぜスハマというのか不思議に思った。今でもマーケットのお菓子売り場にはたいてい置いてあり、手に取るとひらがなで「すはま」と書いてある。緑色の角柱をひねり、砂糖をまぶしたもので、成分表を見ると大豆の粉に水あめを加え、練って固めたものらしい。しかし、このお菓子をスハマと呼ぶ由来については何の説明もない。そんなことに気を留める人もあまりいないらしい。スハマが何であるか分かったのは造園を学び、日本美術に関心を抱いてから後のことである。

日本庭園のスハマ

日本庭園の水辺の景をつくる手法にスハマがある。漢字では「州浜」と書く。岩石が荒々しく切り立つ磯を表現する水辺の石組み手法に対して、水面に向かってなだらかに砂利や礫（れき）を敷き詰め、渚（なぎさ）や浜辺を表現する手法である。

日本の庭園の中では江戸初期につくられた仙洞御所の州浜が最も見事である。この州浜を初めて見た時は大いに感動した。池に向かってゆるやかに傾斜する地面の上に、大きさと形の揃った玉石敷きが広がり、単純明快で品格を備えた美の空間をそこに感じた。

州浜という言葉は平安時代になってできたもので、それより前には使われていなかった。しかし、このような水辺に礫を敷き並べて州浜のような景観をつくり出す手法は、随分と古い時代から行なわれてきたものらしい。奈良時代の庭園にも見られるし、三重県の「城（じょう）の越（こし）遺跡」（大溝遺跡）などは古墳時代にまでさかのぼるというから驚きだ。平安時代の末につくられた平等院鳳凰堂の周りの水辺も、もとは広く礫が敷き詰められた州浜となっていたことが判明し、近年復元された。この時代は浄土式庭園

仙洞御所の州浜

がつくられた時代であり、美しい礫を敷き詰めた州浜によって浄土の浜辺を表現しようとしたのであろう。

スハマの元祖

お菓子のスハマの元祖が今もつくられていることを知り、京都から取り寄せた。そのお菓子の名は「御洲濱」で、その側面には出入りする州浜の風景模様があり、断面は州浜紋の形となっていた。

これを見た瞬間、お菓子のスハマは風景の州浜、造園の州浜、文様や家紋の州浜など、もろもろのスハマと結びついた。スハマ（州浜）は自然美に基づく日本の造形の文化であったのだ。風景の文化と言ってもよい。

「御洲濱」の箱の中には、説明書きも入っていて、州浜が自然、風景、文化、信仰などと広く関わる奥深い世界であることが見えてきたのである。

州浜台（島台）

臨時の仮設的造形であって美術品として保存されるものではなかったため、今日ほとんど残っていないものに「つくりもの」として

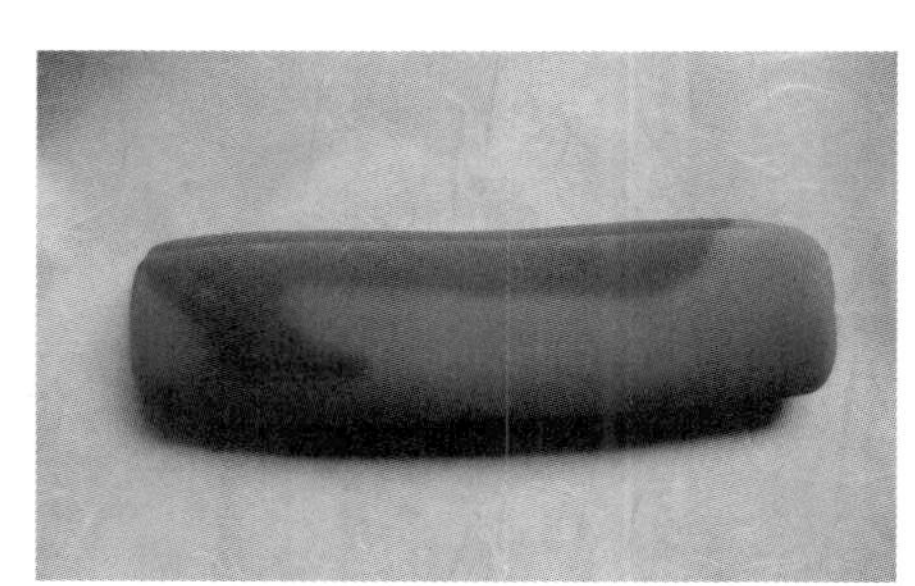

側面は水面に伸びる洲崎の模様

断面は州浜紋の形

お菓子のスハマの元祖「御洲濱」

の州浜があった。出入りの多い渚の線が造形され、めでたい飾り物の台座として使われた。これは州浜台（島台）と呼ばれた。今ではほとんど見かけないものであるが、平安時代以降、明治時代くらいまで、歌合せ、花見、歌舞伎、宴席、結婚式など「ハレ」の儀式、行事の場に置かれたとされる。州浜台はその上に、めでたい飾り物として、松、松竹梅、鶴亀、尉（じょう）と姥（うば）などを立てる台座である。もの（現象）が立つ（出現する）基盤であるといえる。神々を招くための「つくりもの」の一種で、臨時・仮設の造形である。

州浜文様・州浜紋

国宝「平家納経」には屈曲のある州浜の文様が描かれている。この州浜文様は海浜にできる自然の州浜形を単純化して文様としたもので、州浜台の形と類似する。この形をさらに単純化すると三つ葉のクローバーのような州浜紋となる。州浜紋は家紋、神紋（神社の紋）として使われた。先にふれたお菓子の「御洲濱」の断面はこの形である。

浜松図

州浜に松が立ち並ぶ浜辺の風景を描いた絵は「浜松図（はままつず）」といわれる

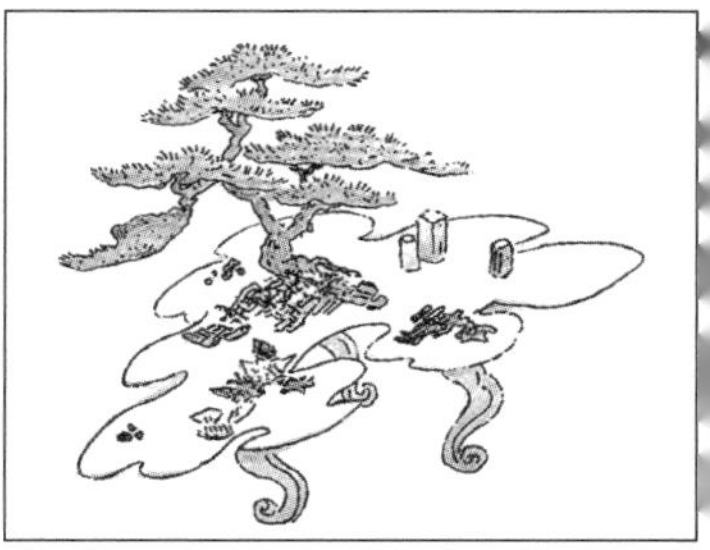
図４　東山遊楽図屏風（高津古文化会館蔵）に見られる州浜台（島台）
花見の座の中心に置かれた

図５　州浜文様（平家納経）
州浜台の形に類似

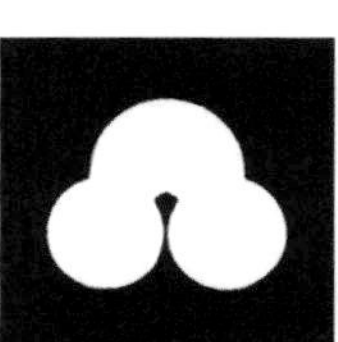
図６　州浜紋
州浜文様の単純化

ジャンルを形成している。清浄感を伴っためでたい図柄であり、屏風にもよく描かれ、「ハレ」の空間に使用されたと考えられる。

江戸城内にあった松の廊下は忠臣蔵の中の刃傷事件の場として有名であるが、その松の廊下に描かれていたのは庭や山の松ではなく、浜辺の松の絵（浜松図）だった。州浜形を呈する砂浜と松林と海が横に長く描かれ、清浄なる景が表現された場であった。

現存する最も古い浜松図は里見家蔵「浜松図屏風」（六曲一双、伝土佐光重筆）で、室町時代の15世紀ごろの作と言われている。州浜形が連なる浜辺に松が立ち並び、背後には白波の立つ海原と霞、雲が描かれている。

州浜台（島台）に松を立てた飾り物は、この浜松図の風景を最もシンプルな形で造形したものであり、神々が来臨する気配が感じられる聖なる空間を象徴するものだったと言える。

浜辺の松林
（福井県・気比の松原）

江戸城松の廊下の絵
江戸東京博物館における復元

図7　浜松図屏風（里見家蔵、室町時代）

州浜形の造形

州浜形は日本のさまざまな造形の中に取り入れられている。州浜形をあしらった彫刻、工芸は数多く、仏像の台座（州浜座）や、州浜紋を象った焼き物もつくられた。ユキワリソウ（雪割草）の一品種であるスハマソウの名は、その葉が州浜紋の形に似ていることによる。

州浜は日本の失われた風景文化

以上のように、州浜は日本独自の造形文化であったが、今日ではほとんど忘れ去られているものである。われわれの祖先は、自然がつくり出す州浜の形に神秘、魅力を感じ、これをさまざまな造形に分化発展させた。自然美を風景の文化にまで磨き上げたと言える。州浜は本来、水の力が土砂という素材を使ってつくり出す造形である。自然現象としての地形が文化的現象としての造形に展開したのである。

そのような自然美の造形や風景の文化の背後には信仰（広い意味の神道的な信仰心）が存在したと考える。その心と形に思いを寄せ、現代のスハマの造景に向かいたい（第７章５州浜の生成、１８４頁参照）。

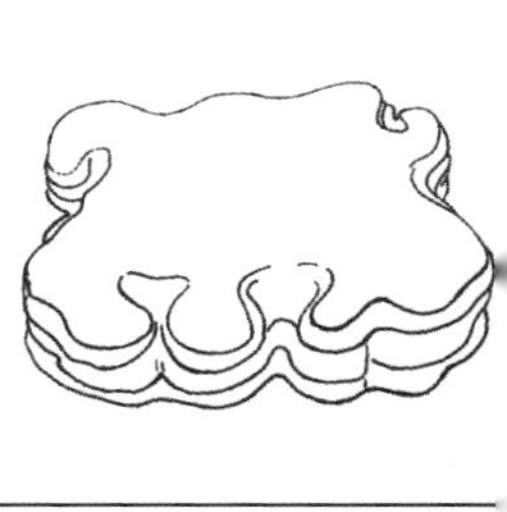

図８　州浜座
仏像の台座の形

州浜形手鉢
州浜紋を象った織部焼

スハマソウ
葉の形が州浜紋に似る

4 スハマ（州浜）〈その2〉——始原の島

お菓子の「御洲濱」の解説に、州浜とは「幸の来る浜辺」を意味する吉祥文様（きっしょうもんよう）だと書かれている。浜辺に幸が寄り付いてくるというこの考え方は、海の彼方にあるとされた永遠の生命の国「常世（とこよ）の国」から生命の源がもたらされるという古代の信仰と関わりがあるように思われる。

常世の波と水辺の聖地

この生命の根源は波が運んでくるものとされた。それが「常世波（とこよのなみ）」である。州浜とは常世の波を受け、生命をはぐくむ母体となるものであり、それゆえにめでたいとされたのであろうと考える。

古代人の考え方によれば、浜、州、島、干潟、川原、磯、渚といった水辺は、異界からの霊力がよりついてくる霊威の高い場所であり、それゆえに清浄なる土地（聖地）であるとされていたらしい。伊勢の神宮（内宮）は海に近く山を背にして五十鈴川のほとりにある。天照大神がこの地に祀られるようになった経緯は日本書紀に記されている。それは大神自身が次のように、この地に居たいとお告げになったからという。

◆この神風の伊勢國は、常世の波の重波帰する國なり。傍國の可怜國なり。この國に居らむと欲ふ。

──『日本書紀』巻第六（垂仁天皇）

アマテラス大神が祀られる内宮の至聖所は四重の垣に囲まれた御敷地の中心に建つ御正殿とその床下の地中に半ば埋められた形で立つ心の御柱といわれる。周りは宮川の川原で採られた御白石が敷き詰められており、河原に柱が立つという空間構成になっている。

日本神話の「島と柱」

日本神話を読んで気づくのは潮の香りのする話が多いということである。神々の物語の多くは海浜や水辺で展開する。『古事記』〔８世紀初頭、７１２（和銅５）年〕や『日本書紀』〔７２０（養老４）年）〕には「州浜」という語（平安時代にできた言葉）は当然使われていないが、州浜のようなイメージを持った島や浜の表現が何回も出てくること、しかも神々が活動する大事な舞台として設定されていることに注目したい。

そのような視点から神話の文章を見てみよう。

〈くらげなすただよへる〉

◆國稚く浮きし脂の如くして、海月なす漂へる時、葦牙の如く萌え騰る物によりて成れる神の名は、宇摩志阿斯訶備比古遅神。

——『古事記』・別天つ神五柱

天地開闢のシーンである。水平な流動変化の中から葦の芽のように、垂直に立ち上がるものがまず出現したことをいう。『日本書紀』の一書では、葦の芽が泥の中から生え出たようにとある。水辺の泥州の中に小さくとがった葦の芽が生え出る様子はこの世の始まりにふさわしい。

〈おのごろじま〉

◆矛の末より垂り落つる鹽、累なり積もりて島と成りき。これ淤能碁呂島なり。その島に天降りまして、天の御柱を見立て、八尋殿を見立てたまひき。

——『古事記』・伊邪那岐命と伊邪那美命　国土の修理固成、二神の結婚

オノゴロ島とは、おのずから凝り固まった島の意味。塩と砂の違いはあるが、水の中から生まれ出たという点では「州浜」と似ている。そこに柱を立てたのである。ここにも水平と垂直の組み合わせが登場する。

早春、河洲に芽生えた葦の芽

平定な水面と河洲に対し、垂直に立ち上がる形の始まりである

〈うきじまり、そりたたして〉

◆天の八重たな雲を押し分けて、稜威の道別き道別きて、
天の浮橋にうきじまり、そり立たして、
筑紫の日向の高千穂のくじふる嶺に天降りまさしめき。

──『古事記』・天孫降臨

◆浮渚在平地に立たして

──『日本書紀』・神代下

天孫降臨の場面である。天空の雲を押し分け高千穂の峰にアマテラス大神の孫である瓊瓊杵尊が降りる時、空中を垂直に降下するのではなく、途中の天空にかかる天の浮橋あたりで浮島に立つような行動が組み込まれている。

なお、ウキジマリ・ソリタタシテは難解な語で、その解釈には諸説ある。しかし、日本書紀の漢字表記「浮渚在平地」からは、ウキジマリは浮島（州浜）のようなものとして理解されていたことがわかる。

〈うましをはまあり〉

◆乃ち無目籠を作りて、彦火火出見尊を籠の中に内れて、海に沈む。
即ち自然に可怜小汀有り。是に、籠を棄てて遊行でます。忽に海神の宮に至りたまふ。

──『日本書紀』・巻第二神代下

日向神話の中で、ヒコ・ホホデミの尊（山幸彦）が特殊な籠を用いて海中に潜り、海の神の宮を訪ねる場面である。海中に美しい浜辺があり、そこから歩いて海神の宮に到着したとある。海神の宮は、その周

囲に州浜のような美しい浜辺（美し小浜（うましおばま））のある島であったと書かれている。

「島と柱」の信仰

以上のように日本神話の大事な場面で、神々の活動する舞台として州浜のように流動的な地の景が見られる。このことに関連して大林太良（おおばやしたりょう）（１９２９－２００１）は著書『日本神話の起源』の中で、わが天孫降臨神話において「天と地をつなぐものとして天の浮橋があらわれること。ウキジマリという表現が天の浮橋といっしょに出て来ること」に触れ、国を支配するものとして天からこの地上に降りるものは、そのような、固まったばかりの出来立ての島に立って、国をつくらねばならなかったと述べている。

オノゴロ島はまさに出来立ての島である。イザナギ・イザナミの国土創成の際の舞台設定と行動は、ニニギの尊の天孫降臨の場面において繰り返されているように思える。しかも、出来立ての島は単独で存在するのではなく、立ち上がるもの、柱状の物との組み合わせで表現されている。なぜそのようになるのであろうか。このことにヒントを与えてくれるのは宗教学者ミルチャ・エリアーデの次のような言葉である。

◆宗教的人間はまた、常に〈世界の中心に〉居を定めようと努めた。世界の中で生きることができるためには、世界を創建せねばならぬ――そして世界は、俗なる空間の均質性相対性の〈混沌〉の中には決して成立しない。固定点、〈中心を〉発見あるいは投射することは、世界創造に等しい。

三つの宇宙平面――地、天および下界――は互いに交流する。この交流はしばしば天地を支え、結び付け、かつ下方の世界（下界）に基礎を置くところの世界の柱（axismundi）という形象に

よって表現される。この宇宙の柱はただ世界の中心にのみ立ち得る。

──ミルチャ・エリアーデ『聖と俗』

このような見方に立てば、イザナギ・イザナミの国土創成の際の舞台と行動に見られるオノゴロ島の天の御柱はこの固定点、中心の設定であり、そのことによって世界の創造である国産みがなされたというふうに理解できる。

ニニギの尊の天孫降臨の場面においてもウキジマリ・ソリタタシテと類似のことが繰り返されるのは、エリアーデに従えば、国を支配するものとして天からこの地上に降りるニニギの尊にとって、出来立ての島に立ち、世界創造を新たに演ずることが不可欠だったのではないかと思われる。

州浜台（島台）の意味 ──タマフリとの関係

信仰の観点から見れば、州浜台に立てる高砂の松もオノゴロ島の天の御柱も、世界の中心に立つ宇宙柱の一種であって、世界の創造を表現するものであったといっていいだろう。それゆえ、州浜台は歌合せや婚姻などのめでたい席に飾られ、また国土の象徴ともされたの

能舞台

能舞台は、あの世（異界）と橋で結ばれ、あの世とこの世の間に浮かぶ島とみなされる。そこに立つ聖なる松の樹下で神仏と人間のドラマが演ぜられる。

花見

古代の考え方によれば、花を見ることもタマフリの一種であった

であろうと考える。能舞台の構成もそのような信仰の世界につながるのではないか。

州浜は常世から神霊が来臨する浜辺、松はそのための目印であろう。タマ（神霊）が寄り付くことで、人はその霊力を受け、生命力を強化できる。健康長寿が得られる。それゆえめでたい（吉祥）ということになる。

これがタマフリ（魂振り）（現代語でいえば心身の活性化、元気の回復）ということであろう。土橋寛（つちはしひろし）（1909－1998）が州浜とは「魂振りの呪物」であるというのはこのような意味であろうと考える。土橋によれば、州浜だけでなく、庭園で花や緑や鳥を見ること、山野に出かけ花見をすることなどもタマフリと考えられていたという（『古代歌謡と儀礼の研究』）。このことは現代の造景にもつながるものがあるように思われる。

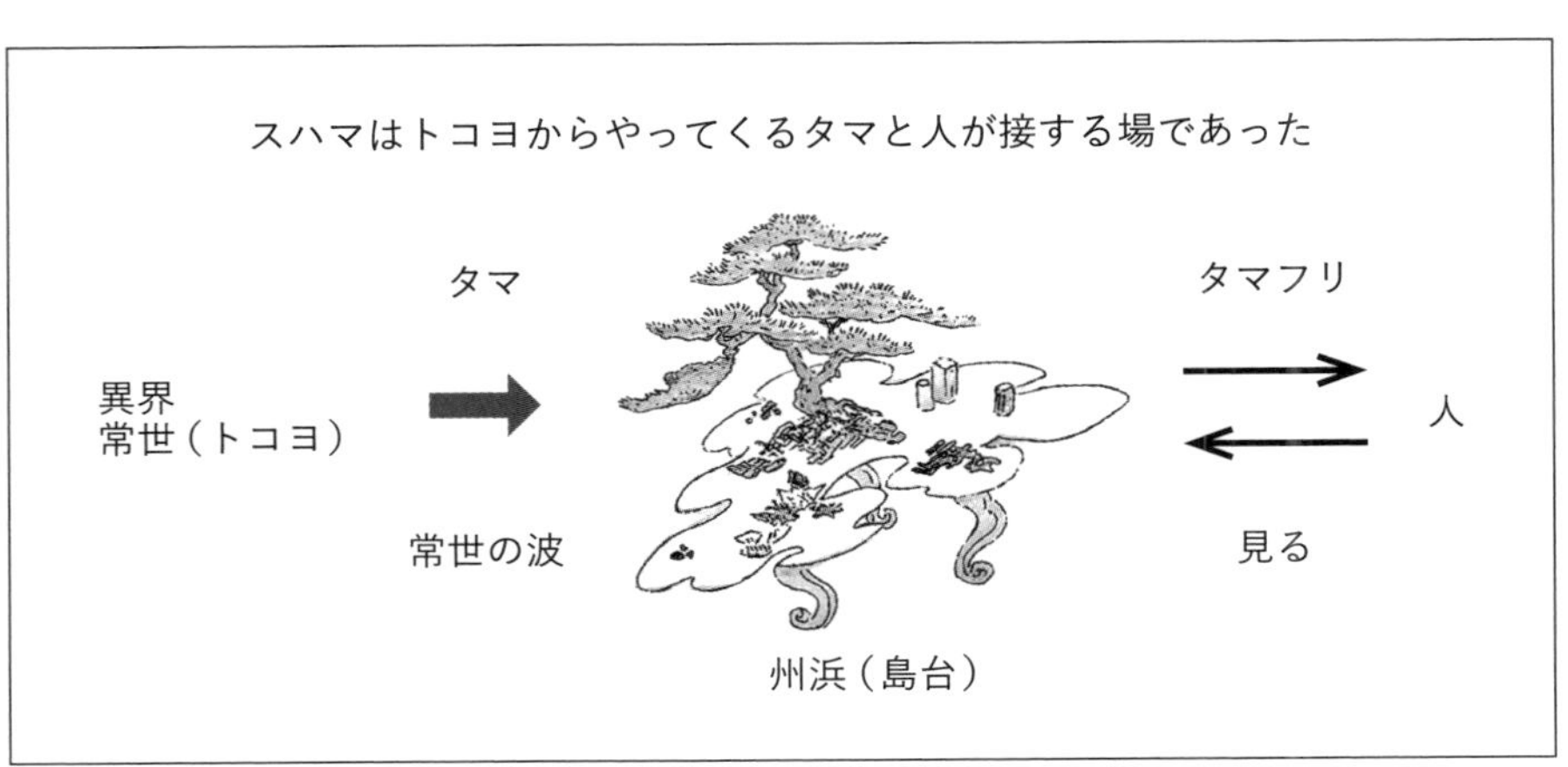

模式図10　州浜台（島台）の信仰的意味

5 タマシキ（玉敷）──地表面の作法

庭や神社の地表面には砂礫が敷かれることが多い。白州の庭には白河砂など豆粒大くらいの砂利が敷かれ、州浜には玉石とか「ごろた石」と呼ばれる礫が敷かれる。神社境内の広場や参道には玉砂利が敷かれる。神殿の周りの玉垣の内側などには玉石状の石が敷き並べられる。地表面に石を敷くことは随分と古い時代から今日まで連綿と続いてきているようである。

タマシキ（玉敷）という古語

古語に「玉敷」あるいは「玉敷の庭」という言葉がある。辞典には「タマシキ（玉敷）＝玉を敷いたように美しいこと。またその場所」とある。

万葉集には庭などに玉を敷くことを詠んだ歌がいくつかある。（以下、歌はすべて『万葉集』から）

◆あらかじめ君来まさむと知らませば　門にも宿にも玉敷かましを

――一〇一三

これは庭に玉を敷いて客人の訪問を待つという習俗や作法があったことを示すもので、タマシキは客人を迎える作法とされていたようである。

◆松陰の清き浜辺に玉敷かば　君来まさむか清き浜辺に

――四二七一

松林のある清らかな浜辺に玉を敷いて、君の訪問を待つということで、神あるいは貴人を迎えるにふさわしい作法だったのであろう。

玉を敷いた庭は立派に見えることから、次のように立派なところ（家、都など）の意味で玉敷という言葉が使われた。

◆玉敷ける家も何せむ　八重葎覆へる小屋も妹と居りてば

――二八二五

海浜の玉石敷きの渚（静岡県・大瀬崎）

玉石敷きの河原（富山県・庄川）

タマ（玉）とは何か

玉は単なる小石ではなく特別の石で、特別の場所から得られた霊力がこもっていると考えられたこと、形が丸く美しい、あるいは色や光が特別美しいことがタマの要件であったろう。

◆藤波の影なす海の底清み　沈く石をも玉とぞ我が見る　—四一九九

藤の花が水に映り、水が清らかに澄んでいる状況から、水底に沈んでいるただの玉石も本当の玉のように見えるということであろう。玉はそもそも水底に沈んでいるものとイメージされていたらしい。

◆大海の水底照らし沈く玉　斎ひて採らむ風な吹きそね　—一三一九

水底にあって照り輝いている玉を採りたいから風よ吹くなというのである。一方、次のような歌もある。

◆玉敷ける清き渚を潮満てば　飽かず我れ行く帰るさに見む　—三七〇六

自然の中の玉敷の渚を詠んだ歌で、実際に並んでいたのは波に洗われた清らかな玉石であったろう。そのような土地をほめて「玉敷ける清き渚」といったのである。

清き場所に神が降臨する

「きよし」は「さやけし」とともに地の神の威力を内包する語であり、霊威溢れる場所への賛辞とされる（古代語誌）。浜辺や河原は「清き場所」であった。伊勢の神宮に参拝する前に海岸でミソギ（禊ぎ）をした場所とされている二見が浦の海岸は「きよなぎさ（清渚）」の名で呼ばれる。海浜や河原はミソギの場所だった。

◆玉くせの清き河原にみそぎして　斎ふ命は妹がためこそ　――二四〇三

この歌は河原で穢れを祓い、生命力を強化する禊ぎが行なわれたことを示している。河原は清きところであり、神事の場所とされた。水で洗い清められた河原の石も聖なるものとみなされた。そのような清きところに神は降り立つと考えられた。

神々の来臨のためには、その場を清める必要があった。人の手による清めは掃除によってなされる。祭りはまず掃除から始まり、神事もまず禊ぎ祓いから始まるのである。このことは今日の神社の祭においても必ず行なわれていることである。神を迎える場をまず清める、清掃することは古代から連綿と続く作法であった。

◆大伴の御津の松原かき掃きて　我立ち待たむ早帰りませ　――八九五

◆ま袖持ち床打ち掃ひ君待つと　をりし間に月傾きぬ　――二六六七

このように神ではないが神に近い特別の人（賓客、恋人）を迎える場合も清掃は不可欠な作法とされた。松原や床を掃き清めて、大事な人を待ったのである。

玉を敷くこと

伊勢の神宮を訪ねると、社殿の周辺の地面にはすべて小石が敷き詰められていることを発見する。その作法は徹底している。清浄域としての空間演出であろうか。あるいは、もと河原に建つ宮であったことを伝えようとするもの、原風景の再現であろうか。神宮の御正殿の周りには御白石が敷き詰められている。それは、神を迎える場としての古来の作法を継承するものであろう。白石を信者が運ぶという行事のあり方から、神と人の間をつなぐものとしての石の役割が見える。

神社の境内に敷く石や砂を奉納する行事に関するものとして、『奥の細道』には芭蕉の句「月清し遊行のもてる砂の上」がある。これは越前敦賀の気比神宮で詠んだ句とされ、敦賀湾の海浜にある常宮神社の浜の砂を気比神宮へ運ぶ神事があったという。

沖縄の「ウタキ」と呼ばれる聖所には社殿はなく、樹林や岩に囲まれた広場があり、その地面には白い砂が敷かれているだけだという。日本の聖なる空間も、古い時代には建物ではなく砂礫の敷かれた清らかな

社殿周囲の玉石敷き
神宮（瀧原宮）

社殿周囲の玉垣の内側の地面は
玉石敷きとなっている（埴生護国八幡宮）

地面（ユニハやサニハ）や岩の上などが祭りの場であったろうと考えられる。

玉を敷くことは美観と実用を兼ね備えた地表面の作法であるが、より根本的には霊力ある清らかな石を敷き詰めることで、その土地を神の来臨にふさわしい特別の場所にすることができるという信仰によるものだったと思われる。玉を敷くことは清浄なる空間をしつらえるために必要な作法であったといえる。

以上のような玉を敷くことの古儀を探ることで古代人の信仰の心に近づくことができるのではないか、そのことによって、神社の社殿周りの玉石敷きの空間の持つ意味、さらには庭園の「白州」や「州浜」の意味などもわかってくるのではあるまいか。

地表面の作法

地表面のつくり方、その表面の仕上げ方、素材とその並べ方は庭の表情を大きく左右する。地表面のあり方によって異なる空間が形成されるのである。玉敷きの庭に込められた古代人の心を思いながら、庭の地表面のあり方を考えたい。

6 コノモト（木本、樹下）──天地を結ぶ

樹木が地面から立ちあがっているところ、つまりは木の根元、この部分は古語ではコノモトと呼ばれ、漢字では木本、樹下などと表記された。コノモトは特別な意味を持った場所であったようだ。樹下空間の秘密を探ってみたいと思う。

樹下の風景の魅力

古典和歌集には、樹下（じゅか）の風景（木（こ）のもと、あるいは木蔭（こ）など）を詠んだ歌が見られる。例えば『新古今和歌集』（鎌倉時代初期）にはかなりの数の歌が収められている。

◆木のもとの苔の緑も見えぬまで　八重散りしける山ざくらかな

──大納言師頼（一二三春歌下）

◆あふち咲くそともの木蔭つゆおちて　五月雨晴るる風わたるなり

【意】「あふち」はセンダン。初夏に淡紫色の花をつける。「そとも（外面）」は庭先の地面。

――大納言忠良（一二三四夏歌）

◆道の邊に清水流るる柳かげ　しばしとてこそ立ちとまりつれ

――西行（一二六二夏歌）

いずれも明快で清新な印象を与える歌である。樹下空間の魅力が伝わってくる。

天地を結ぶ柱

空間という視点から見ると、地面に垂直に立つ樹木（木立）は、天地を結ぶ柱（垂直軸）である。古代人はこの柱を神々が天地を行き来する梯子とみなした。コノモト（樹下）とは天から到来した神々が地に降り立つ場所だった。天地を結ぶものとしての「世界樹（宇宙樹）」としての樹木のとらえ方は、世界各地の古代の信仰に見られる。日本文化にもそのような樹木の信仰が入り込んでいると思われる。

宮殿の柱は「宮柱＝みやばしら」と呼ばれた。日本神話にその言葉が残っている。

◆底津岩根に宮柱太しり　高天の原に氷木高しりて

――『古事記』上

太い宮柱を下は地中深く岩盤に届くまで差し立て、上は天まで届くように立て、千木を空高く設けてということで、宮柱とは天地を繋ぐものであったことがわかる。出雲の神話で須佐之男命や大国主命が立派な宮殿について語る場面にこの表現が見える。祝詞の大祓詞にも同じ表現があり、壮大な宮殿建築を讃える常用句である。宮柱とは天と地をつなぐもの、世界の中心に据えられる「宇宙樹」の一種であろうと思われる。

聖婚の場〈樹下清泉〉

樹下に湧く泉、そこは大地と水と緑が揃った場所であり、天と地と地下をつなぐ場所となる。水辺の樹下空間、〈樹下清泉〉の風景である。

日本神話の中の日向神話と呼ばれるところに、海中の海神宮で山幸彦と豊玉姫が出会って結婚する話があるが、その二神の出会いの場所は、泉のほとりに立つ神聖な桂の木の下であった。

◆門の前に一つの井あり。井の上に一つのゆつ桂樹あり。……その樹の下にゆきて……

──『日本書紀』

海神宮は海を支配する神が住む宮殿のことである。山幸彦は火遠理命とも彦火火出見尊ともいい、天照大神がこの地上に遣わした天孫（瓊瓊杵尊）の子で皇室の祖先。兄の海幸彦から釣道具を借りて釣りをしたところ釣り針を魚に取られて亡くしてしまったため、それを探しに海のことをよく知る塩椎の神の指示に従って海中の海神宮を訪ねる。宮殿の前に立つ神聖な桂の木の上に上って待っていると、海神の娘である豊玉姫が桂の木の元に湧く聖なる泉（玉の井）へ水を汲みにやって来て、水面に映る人影を見て山幸彦の訪問を知る。そしてめでたく二神は結婚し、釣針も見つかるという話である。

二神の出会いが〈樹下清泉〉のあるところとされているのは、そのような場所は神々が立ち現われる聖なる空間であるとする古代人の信仰が背後にあったからであろうと考える。

樹下宮 ――泉の上の神殿

琵琶湖のほとり比叡山麓の坂本に全国の日枝(ひえ)神社の総本宮、山王日吉(さんのうひえ)大社がある。その東本宮の中の、山を背に東向きに建つ樹下宮(「じゅげぐう」、「このもとのみや」)では、今も床下に井戸が残されている。もとは樹下の泉が聖地としてあり、後にその上に社殿がつくられたことからこの名があるのではないかと考える。同大社の西本宮には桂が神木として保護されていることから、樹下宮の樹も桂であったかもしれない。

桂の根元から湧く泉は全国にあり、そのような場所に水の神が祀られることが多い。京都の北の山中に水の神を祀る貴船(きふね)神社がある。ここにも神木の桂があり、奥宮の社殿は井戸(龍穴)の上につくられている。

これらは〈樹下清泉〉が聖所であった自然神道の時代から時を経て、社殿神道の時代になっても、かつての聖所の痕跡を社殿の床下に留めている例といえるのではなかろうか。

日吉大社・樹下宮
(左手の社殿、山を背にして立つ)

青木繁の「わだつみのいろこの宮」

明治の画家、青木繁（あおきしげる）（１８８２―１９１１）は日本神話を愛読し、そのいくつかのシーンを絵にしているが、「わだつみのいろこの宮」は先にふれた日本神話の山幸彦と豊玉姫の出会いの場面を描いたものである（「わだつみ」は海神、「いろこの宮」は海神の宮殿の屋根瓦が魚のうろこを敷き並べたように立派であることを表わす名）。日本神話の中でも特にロマンに満ちたこの出会いのシーンが、青木繁の想像力により独特な方法で絵画化されている。

樹下清泉と天地の交わり

この二神の出会いは、天神と海神の娘（水神）の出会いであり、この結婚によって生まれた子孫が皇室の祖先となる。その聖婚の舞台が〈樹下清泉〉であることは特別な意味があるものと考えられる。樹木は天に通じ、その元には天から神が降り立つ。泉の水は地下から湧き出る。〈樹下清泉〉とは天地が出会い交わる場所だと言える。それゆえ、天神の子孫、山幸彦は桂の木の上で、水の神、豊玉姫は井のほとりにたたずみ、二神の出会いがなったのであろう。

古代文学研究者の西郷信綱（さいごうのぶつな）（１９１６―２００８）

図９　青木繁「わだつみのいろこの宮」（Paradise under the Sea）（1907年、重要文化財、石橋財団アーティゾン美術館蔵）

豊玉姫（左）とその侍女（右）は西洋の婦人のようなスタイルで描かれ、樹上の山幸彦は初々しい少年のようであり、その背後からは光がさしている。聖なる桂の木は海中に揺らぐ巨大なコンブの木のように見えるし、その樹下には海底の生物が描かれ、泉は水盤のように描かれている。海中にある生命の楽園というのがこの絵のテーマであったと思われる。

は『古事記の世界』の「日向三代の物語―聖婚」のところで「地上の乙女と天つ神の御子とが聖婚をおこない、水穂の国の王たるにふさわしい皇子を生むというのが、いわゆる日向三代の話の一貫した主題」であると述べている（日向三代とは、皇室の祖先にあたる「ニニギの尊―ヒコ・ホホデミの尊（山幸彦）―鸕鶿草葺不合尊」をいう。「ヒコ・ホホデミの尊」（山幸彦）は「ニニギの尊」と「木花開耶姫」（山の神の娘）の間の子。「ウガヤフキアヘズの尊」は山幸彦と豊玉姫の間の男子。この皇子と豊玉姫の妹である玉依姫との間の男子「神日本磐余彦尊」が初代天皇である神武天皇となる）[注1]。

水の神と樹木

柳田國男（1875―1962）の

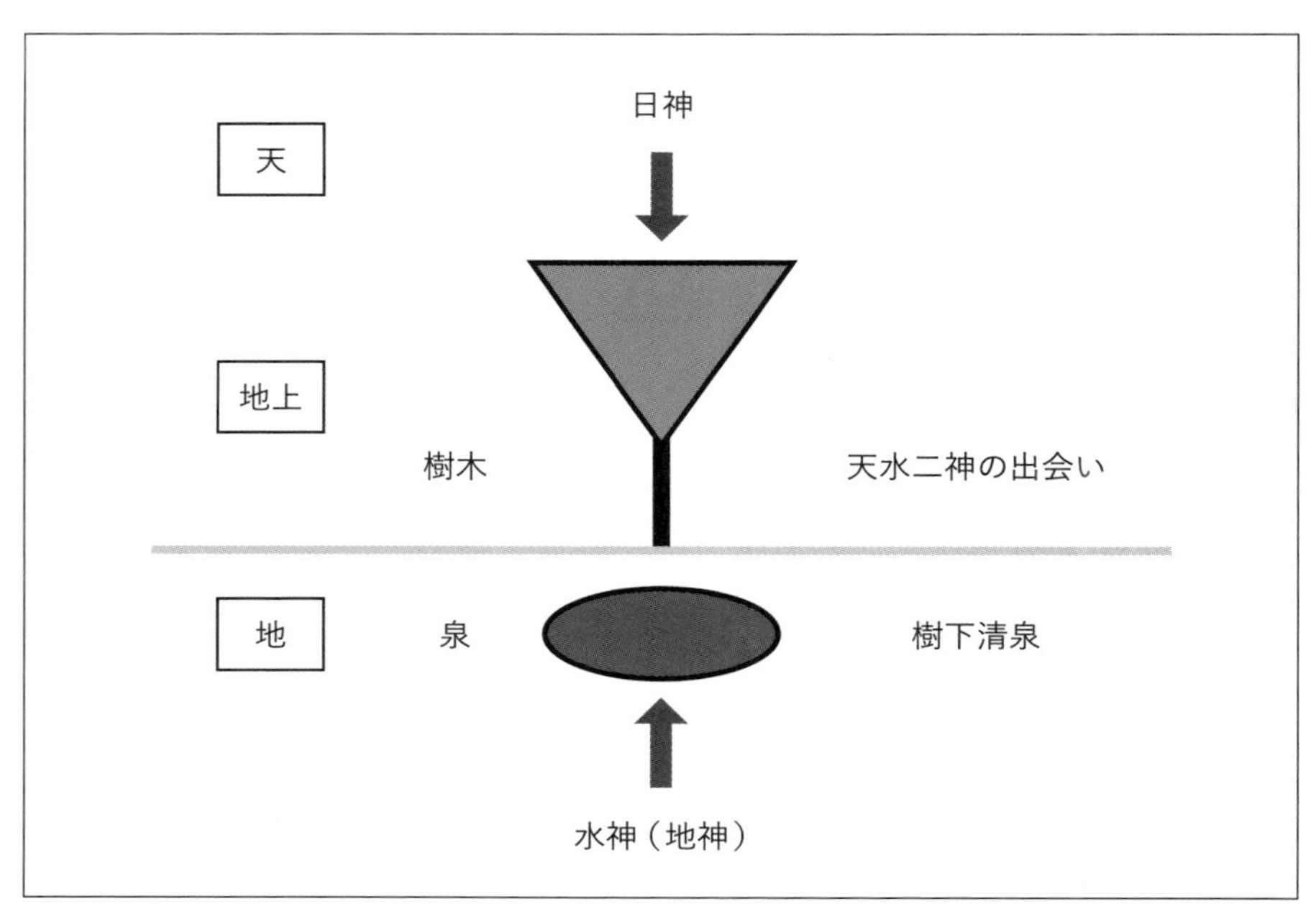

模式図11　聖なる空間〈樹下清泉〉

〈樹下清泉〉での天水二神の出会い。樹木は天地を結ぶもの。日神は樹木を伝って地上に降りる。泉は地から湧くもの。水神は泉に潜む。二神の出会い・結婚によってこの世の豊穣が約束される。〈樹下清泉〉は神聖な空間だった。

著書『桃太郎の誕生』に、天の神様は地上にたいていは木を伝って降りてきて、この世の最も清らかな女性と結ばれ、特別の力を持った子が生まれるとの記述がある。さらに「清水の湧く土地には必ず一本の神木があった」、「井のかたわらに植える木は今でもほぼ定まっているが、これもおそらくは風景の宗教的起源とも名づくべきものであろう」と神木と井泉（いせん）のかかわりについての指摘がある。

イネの成長には日光と水と土が欠かせない。古代の信仰では豊かな実りの前提として日神と水神の和合を必要とした。日神は樹木を伝って地上に降り、水神は湧水に潜む。それゆえ〈樹下清泉〉は日水二神の和合の舞台となり、この世の豊穣が約束された。

〈樹下清泉〉は特別の聖所だったのである。このことを思いつつ、現代の庭にふさわしい樹下清泉のあり方を考えたい。

樹下清泉の庭
実験庭園（水雪の小庭）では、周囲に植栽した樹木が徐々に成長し、水盤部に水を張ると〈樹下清泉〉の景が出現するようになった。

【注１】　日向三代略系図

ニニギの尊（天孫）
コノハナノサクヤ姫（山の神の娘）
ヒコ・ホホデミの尊（山幸彦）
トヨタマ姫（海神の娘）
ウガヤ・フキアヘズの尊
タマヨリ姫（トヨタマ姫の妹）
カムヤマト・イハレヒコの尊（神武天皇）

7 カゲ（影）――水鏡の美学

光と影の現象は身の回りに常に生じているため、当たり前のことと見過ごしがちであるが、現象を活かす庭の観点からもう一度見つめ直してみたい。ここでは特に、日の光と影、水や鏡に映るものの影などについて古語を手掛かりに考えたい。

光と影

現代語では「ひかり（光）」と「かげ（影、陰、蔭、翳）」は別物で相対する意味を持つが、古語では光もカゲと呼ばれた。

◆…渡る日の　影（かげ）も隠（かく）らひ　照る月の　光（ひかり）も見えず…

――『万葉集』三一七

◆その樹の影、朝日に当れば、
淡路島におよび、夕日に当れば高安山を越えき

——『古事記』下

万葉の歌は光をカゲと言った例である。現代語でも月影や星影は月の光、星の光を意味する。古事記の一文は朝日や夕日の光によってできる樹木の影をいう。天を突くようにそびえ立つ宇宙樹の影であろうか。

泉に映る影

水面に映るものの姿もまたカゲと呼ばれた。

◆あさか山　影さへ見ゆる山の井の　浅き心をわが思はなくに

【意】あさか山の影まで映し出す清らかな山の井のように、浅い心で貴方をお慕いしているのではありませぬに。

——『万葉集』三八〇七

万葉の名歌として知られる一首。清らかな山の泉に朝香山の影が映り、水は浅くても深みのある景が生成する。別世界が水底に存在するかのような泉のイメージを心に描くだけで、何となく神秘的な感覚が湧き出て

水面に映る木の影

波が生じた水面に映る空

くる。泉に映るものの影は古来多くの人々の心をとらえてきた。古代人の信仰ともかかわりがありそうだ。現代人にとっても、水面に映り揺らめくものの姿は幻想的である。古代人はそこに神威を感じたであろうと思われる。

鏡と魂

日本神話には地上の世界に降臨する瓊瓊杵尊に、天照大神が次のように述べて、神鏡を授ける場面がある。

◆これの鏡は、専ら我が御魂として、吾が前を拝くが如拝き奉れ

【意】この鏡こそ私の魂であるとして、私の前を祭るようにお仕えしなさい。

——『古事記』(上)「天孫降臨」

鏡は神の魂を宿すものとされていたことがわかる。

カゲについて、古代文学研究者の多田一臣氏は「魂こそがカゲなのであり、それはまた鏡が神の姿を映すものであることにも通ずる」とし、「水の面に映るのは、花・月・山・雲など、霊威に満

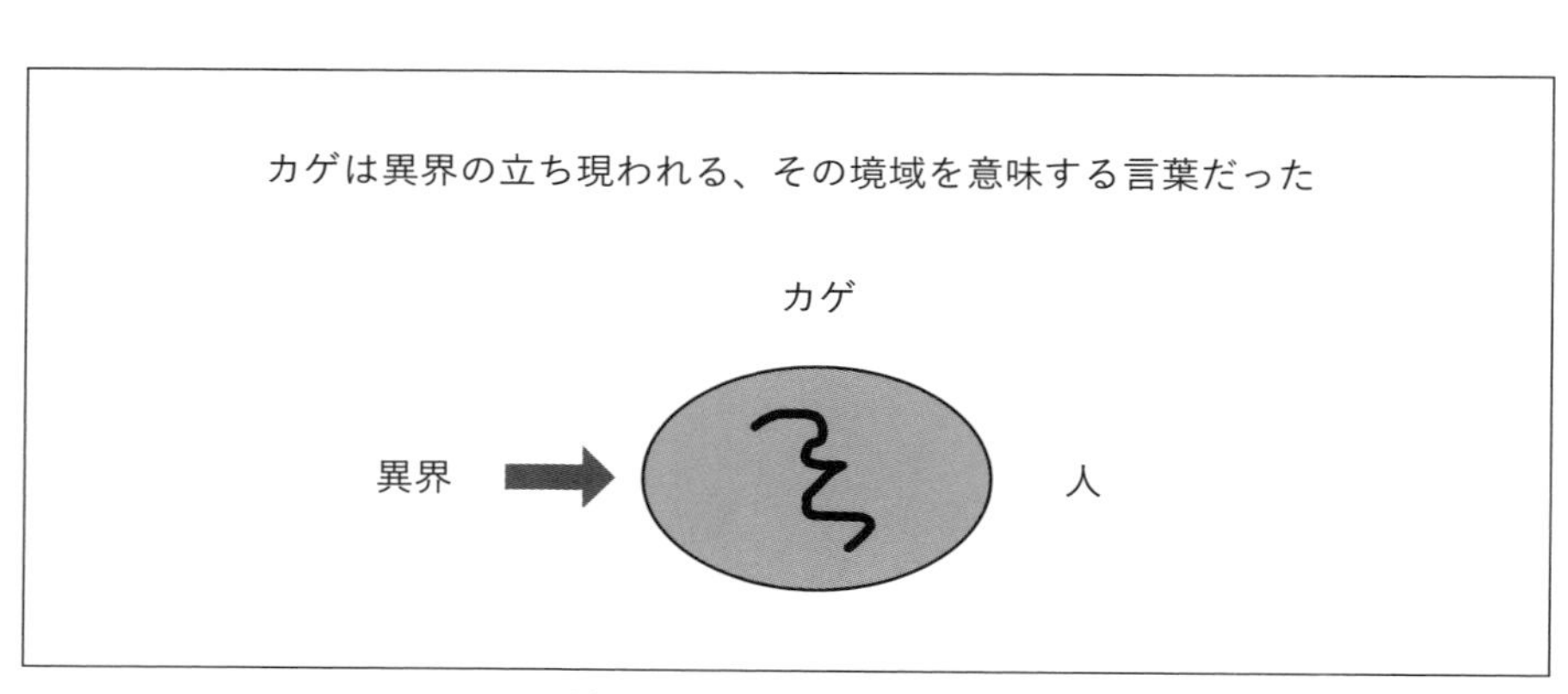

模式図12　カゲ・人・異界

ちた自然の姿」であることが多いという。そして「（犬飼公之が言うように）カゲとは異界の立ち現われる、その境域を意味する言葉だった」とする。古代人にとって鏡や水鏡は霊性に満ちたものであったと思われる。

水鏡の美学

『古今和歌集』（平安時代前期）には紀貫之の水鏡の美を詠んだ歌が数首見られる。

◆梅の花まだ散らねども行く水の　底にうつれる影ぞ見えける
──一一三

◆水底に影しうつれば紅葉ばの　色もふかくや成りまさるらん
──二六

◆空にのみみれどもあかぬ月影の　みなそこにさへ又も有るかな
──三一一

流れる水に映る梅の花の影、水面に映る紅葉の色、水に映る月の光が歌われている（「みなそこ」は水底）。

紀貫之の歌を集めた「貫之集」にはこのほかにも多様な水鏡の美の表

水中板庭
水鏡の美の造景へ

現が見られる。平安貴族の時代になると、古代の水鏡の霊性は背後にやや遠のき、美的なものへ変化していったのではなかろうか。紀貫之のこれらの歌を読むと、「水鏡の美学」といったものが成立していたように感じられる。

床の間——光と影の空間

現代の家から床の間というものがなくなりつつあるが、床の間こそ家の中の美の空間であり、神聖なものにもつながる場所だった。床という平面と、床柱という垂直線が交わる空間であるから、一種の樹下空間のように思われる。天地とのつながりがある。上の戸袋は天袋といい、下のは地袋という。床は部屋の畳面から一段高くなっており、神あるいは貴人の座す「場所（トコ）」として位置付けられる。天の底を見せないように落しがけというもので隠す。そこから降りてくるものが掛け軸である。掛け軸も上の方を天と云い下の方は地という。床の間の横に小さな障子戸があり、ここからの光が床の間を照らす。光と影の表情が生まれる。

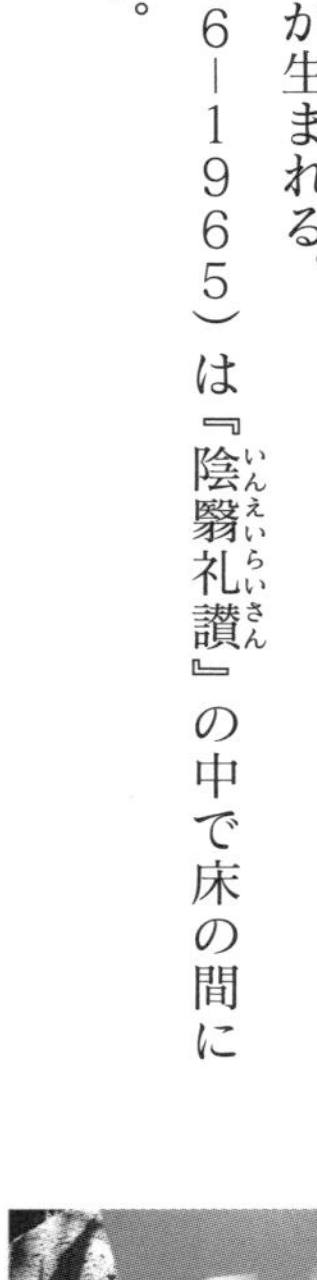

谷崎潤一郎（1886−1965）は『陰翳礼讃（いんえいらいさん）』の中で床の間にふれて次のようにいう。

空間の遮蔽によっておのずから生ずる陰翳の世界

木もれ日を美しい映像として受ける

光の箱庭

◆その神秘の鍵は何処にあるのか。種明かしをすれば、畢竟それは陰翳の魔法であって、もし隅々に作られている蔭を追い除けてしまったら、忽焉としてその床の間はただの空白に帰するのである。われらの祖先の天才は、虚無の空間を任意に遮蔽して自ら生ずる陰翳の世界に、いかなる壁画や装飾にも勝る幽玄味を持たせたのである。

「空間を任意に遮蔽して」は空間の造形のことであり、「自ら生じる陰翳の世界」とは光と影の現象の出現のことにほかならない。光と影の空間としての床の間には造景の発想の種が隠されているように思われる。

光と「もの」の出会い

太陽からの光が地球の「もの」(物体・物質)と出会う時、大気の中にも大地の上にも、水面や水中にも光と影の多様な現象が生じ、次々と変化する。光を受ける「もの」の素材や形態、それらを組み合わせた「場」の構成などを工夫することで印象深い光と影の現象を出現させることができると考えられる。

太陽光と「もの」との出会い
場の構成による光と影の現象

8 カゼ（風）——天象と精霊

古代の人々にとってカゼ（風）とはどのようなものであったのだろうか。風や雲や雷などの自然現象（天象）は神々や精霊の世界とどうつながっていたのか。このことを古語や漢字の世界に探ってみたい。

シナトの風

平安時代に編集された延喜式の中に記載されている祝詞に次のような言葉が残されている。

◆風な所の風の　天の八重雲を　吹き放つことのごとく
朝の御霧・夕べの御霧を　朝風・夕風の吹き払ふことのごとく

——大祓詞

「風な所（シナト）」は古語で、漢字では科戸あるいは級長戸とも書く。その意味は「シのト」で、シは風のこと（大風をアラシ、旋風をツムジというに同じ）。日本の風の神はシナツヒコとかシナトベノカミという名で呼ばれる。トは出入り口を表わす。シナトの風とは、風神の司る風の吹き出し口から吹いてくる風であり、ここではこの世の罪・穢れを吹き払う風でもある。

天空を行く雲は風に吹きやられ、朝夕に地より立ち上る霧は風に吹き掃われる。雲と風、霧と風がセットで語られる。風は目に見えないが、雲や霧の動きで感知できる。風で雲や霧が吹き掃われて視界が広がり、世界が見通せるようになる。古代の人々はそこに神々のはたらきを見たのであろう。

天象と神々

風、雨、雲、霧、雷などの天象は古代人の心をとらえた。しかしその背後には神々の世界、精霊たちの活動があると考えられていた。漢字が作られた古代中国においてもそうであったといわれる。

◆人が霊的な何ものかの存在を意識しはじめたとき、まず霊威を示したのは自然であった。（中略）古代の人々にとって、自然は生命以上のものであり神であった。

自然の霊威を示す最も著しい現象は、いうまでもなく天象であった。空を渡る雲、そよぐ風、あるいは山川のせせらぎなど、神のなごむとき、自然は平和である。しかしひとたび神の怒りがあらわれると、地上の形相は一変する。雷鳴は天地をゆるがし、電光が走り、洪水は地上のすべてのものをおし流し、地震は高山をも谷と化してしまうのである。

——白川　静『甲骨文の世界』

神は恐るべきものであり、また恵みをもたらすものでもあった。「荒ぶる神」「鎮まります神」とか、アラミタマ（荒御魂）、ニギミタマ（和御魂）も、この神の二面性をいう言葉であろう。

風と鳥

現代人は風や雲を自然の現象と見るのであるが、古代人にとって単なる現象というものはありえなかったようで、「現象の深部に実体を見る」のが「古代人の思惟」であったとされる。つまり、具体的な何者か、精霊とか魔物とかがいて、それらが現象を引き起こしていると見たらしい。

白川静説によると風の元の字は鳳で、風は方神（四方にいて方域を司る神）の使者として往来風行する鳥形の神のはばたきによって起きるとみなされていた。それゆえ鳳の文字が使用されたが、後に風神の観念が忘れられて、天象に関するものに竜形の神が多いことから、爬虫類を表わす虫の文字を使用するようになったという。

風景と風の関係

風土、風景、風光、風貌……これらの言葉にはなぜ風という文字が入っているのだろうか。風とどのような関係があるのだろうか。

◆人々は風土の中に生まれ、その風気を受け、風俗に従い、その中に生きた。（中略）風気、風貌、風格のように、人格に関し、個人的と考えられるものさえ、みな風の字をそえてよばれるのは、風がその全てを規定すると考えられたからである。自然の生命力が、最も普遍的な形でその存在を人々に意識させるもの、それが風であった。人々は風を自然のいぶきであり、神のおとずれであると考えたのである。

──白川 静『漢字』

風は神が司り、土地も人々もそれによって支配されていると考えられていた。風だけでなく、今日われわれが自然の現象ととらえるものはすべて、古代人には神々のおとずれであったといえる。

雲と竜

雲の中には恐るべき精霊が潜んでいて、その形は龍蛇のようなものと考えられていた。

◆空を流れただよう雲にも、精霊がある。それは竜の形をしたものであった。雲の初文である云の字形は、雲気のただよう下に、竜尾を捲く形がみえる姿である

──白川 静『漢字百話』

自然現象として雲の下に出現する竜巻（たつまき）や電光（でんこう）（稲光（いなびかり））は、竜の形をして天地の間を行き来するものといえる。

雷（カミナリ）と神（カミ）

カミナリ（雷、神鳴り）という言葉は、天空の雲の中に潜み、雷鳴をとどろかせ、電光を天地の間に行

き来させる恐るべき何者か、それがカミと考えられていたことを伝えているのであろう。白川説によれば、神は天のカミを表わす字で、申は電光の形とある。電も雨と申からなる文字である。また、神の字のネ（示す偏）はもと示の形で、神を祭る時の祭卓の形という。

現象を司る最高神「帝」

古代中国の信仰において、現象の出現を司る最高の神は「帝」であったとされる。

◆全てのものは生々流転してやまない。そしてそのうちに四時が推移し、万物は生育を遂げる。迅雷風烈のような一時の狂乱も、この大調和の世界のエネルギーを示すものに外ならない。これらの神々の上には、これを主宰する何ものかがあるはずである。それが帝であった。帝は大きな神卓の形に書かれている、示も神卓であるが、帝はより大きな神卓である。それが帝の座であった。

——白川 静『甲骨文の世界』

神は姿なきものであり、その漢字は神を祀る祭卓の形に造形された。卓は神をまつるものであり、神を象徴する形となった。

風と旗と遊

遊の文字について白川静は次のように述べている。

◆遊とは動くことである。（中略）動かざるものは神である。（中略）神は常には隠れたるものである。遊とは、この隠れたる神の出遊をいうのが原義である。

その字形は、旗を持つ人の形にしるされているが、旗は氏族の標識を示す。それは氏族の霊が宿るものであり、氏族神の表象に外ならない。

神霊は、その旗の流しに宿る。わが国でいえば、それは領巾（ひれ）であり、白香（しらか）や木綿（ゆふ）などの呪飾である。

——「遊字論」『文字逍遥』

神の出遊には旗が欠かせないこと。神は旗竿に取り付け、ひらひらと動くひれに宿るとあることは、神社の祭礼と似たところがある。祭りに旗は欠かせないし、樹木に木綿（ゆふ）や紙垂（しで）をとりつけたものが多用されるからである。旗も木綿も紙垂も棒状のものにひらひらと動くもの（繊維、布、紙）をとりつけたものである。

このことは時間の隔たりを越えて、古代中国の信仰と日本の神道との間に造形上の類似点があることを感じさせる。

卓上の庭（著者、2018年）

「シナト」の風に（著者、2014年）

9 ユキ（雪）——冬の花

日本の四季の表情は豊かで変化に富む。季節のめぐりとともに自然の風景や生命の営みが次々に生起し、推移する。和歌にはそのような生きとし生きるものの姿、天地の間に出現変化する万象の姿が歌い込まれている。

ユキ（雪）はそのような季節のめぐりの中で冬の景物を代表するものであり、古来数多くの雪の歌が詠まれた。それは雪を活かす造景の観点から見てもイメージの宝庫と言える。

古典和歌集の雪の歌

古典和歌の世界で雪がどのように歌われたかを辿ってみると、『古今和歌集』には、雪を花や月に見立てたり、優雅で機知に富んだ風景の連想を楽しむ雪の歌が見られる。

◆雪降れば　冬ごもりする草も木も　春に知られぬ花ぞ咲きける

──紀 貫之「冬の歌とて」（古今和歌集三二三）

中世の入り口にあたる時期に編まれた『新古今和歌集』（鎌倉時代前期）になると、冬の歌の比重が増し、芸術的深みのある雪の歌が多くなる。

◆寂しさをいかにせよとて　岡べなる楢の葉しだり雪の降るらむ

──藤原國房（ふじわらくにふさ）「野亭雪をよみ侍りける」（新古今和歌集六七〇）

和歌の歴史の中で、中世は雪や氷の世界に自然美を見る意識が高まった時代であったようだ。月に照る雪の庭、紅葉を閉じ混ぜた薄氷などに至高の美が見出された。雪氷の景に代表される冷えさびたものがこの時代の美学となったといわれる。

中世の特異な歌集として『玉葉和歌集』（鎌倉時代後期）と『風雅和歌集』（室町時代）がある。この二つの和歌集は当時の和歌の本流から外れた革新的なものであったため長らく異端視されたが、近代になってその迫真的自然詠で再評価されているものである。これらの和歌集には、冴え切った冬の美や動的な雪の現象美を詠んだ歌が多く見られる。

◆早き瀬の水の上には降り消えて　氷る方より積もる白ゆき

──前大僧正道潤（玉葉和歌集九六六）

川瀬の水に降る雪はすぐに消えるが、川辺の氷ったところから積もっていく現象（氷上積雪）について淡々と詠んでいる。

◆降り晴るる　庭の霰は片寄りて　色なる雲に空ぞ暮れゆく

――京極為兼（風雅和歌集八〇四）

霰(あられ)がしばし降って止んだ。庭の地面の上には霰が所々に寄り集まったように白く溜っている。空を見上げると、色づいた雲が浮かび、夕暮れになっていく。そのような、雪国の人にはなじみ深い初冬の庭の光景が表現されている。

これらの歌には作者の思いを述べる言葉はなく、自然の現象として動的に変化していく雪景だけが読み込まれている。自然観察での発見をそのまま詠んだといってよい。玉葉・風雅和歌集にはそのような自然の観察と描写に徹した歌が多く、造景の観点からは特に興味深い。

雪景歌にみる雪の現象

歌の芸術性はさておき、現象を活かす造景の観点から見ると、雪を詠んだ歌は何らかの雪の現象を詠み込んでいる。その雪の現象がどのような条件のもとで出現しているのかを分析することで、雪の造景に対するヒントを得ることができる。

以下、古典和歌のうち、特に庭や地面などに積もった雪を歌ったもので造景の観点から見て興味深いものをいくつか選び、時代を越えてその歌が発しているメッセージを聞いてみよう。

〈庭もはだらに（薄雪、斑雪の美）〉

◆　斑　雪

夜を寒み　朝戸を開き出で見れば　庭もはだらに　み雪降りたり

──（『万葉集』二三一八）

雪が降った朝、庭に出て地面をみると、雪が積もったところと積もらないところがまだらの状態になっている。初冬の雪の降り始めの頃にはよく観察される現象である。「はだら」は「まだら」の意味で、「はだれ」、「はだれゆき」とも表現される。漢字は「斑雪」があてられる。

なお、雪を「み雪」と言っている。「み」は美称とされるが、「御雪」の意味であろうから神聖とか清浄の意味があり、神々の世界に属するものという意識からそう呼ばれたものと考える。

〈踏ままく惜しき（新雪、雪面の美）〉

◆「庭の雪」をよめる

待つ人の今も来たらばいかがせむ　踏ままく惜しき庭の雪かな

──和泉式部（金葉和歌集二八五）

この歌には『庭の雪』をよめる」との言葉が付されている。庭に積もった「踏むのも惜しい」新雪の美しさに感嘆する心と、「待つ人（恋人）」に訪ねて来て欲しいと願う心の葛藤が歌になっている。「踏ままく惜しき」の言葉には、庭の地面の上にふんわりと真っ白に積もった新雪、自然現象として出現した雪面の美しさを、人が踏むことで壊したくないという気持ちが込められている。広くは自然美に感嘆し、これを尊重する心が現われている歌といえる。

〈木の下薄き〉

◆枝交はす梢に雪は漏りかねて　木の下薄き真木の山道

——権大納言家定（玉葉和歌集九六三）

雪で覆われた白一面の世界の中で雪が薄くしか積もっていなくて少し地面の色が見えるところがある。それは樹木がその上の方で枝を交わしているため、そこに雪が積もり地面まで届かなかったからだなあ、という雪中での発見を詠んでいる。理屈としてはあたりまえのことではあるが、風景としては雪のあるところとないところの対比によって、絵になる光景を形成しているといえる。

〈雪の白玉（水上の冠雪）〉

◆瀧雪

埋もれぬ浪はくだけて　瀧つ瀬の岩根に積もる雪の白玉

——實陰（新続題林和歌集七七二一）

あたり一帯が雪に覆われた中で、谷川の流れの部分だけは雪に埋もれず黒々と見え、そこを急流が白波を立てて流れていく。その早瀬の中のあちこちにある岩の上には白玉のように丸くふっくらとした雪が積もっている。雪中の谷川によく見られる光景である。

雪の白玉
渓流の岩にできた冠雪

踏ままく惜しき雪
雪面に模様を描く樹木の影

冬の花
着雪によってできた白い木

谷川の流れと岩上の積雪の対比によって鮮やかな雪景が形成される。そのようなシーンを歌で描いたものといえる。

〈雪間の草（若菜）（残雪の美、雪と地面の対比）〉

◆若　草

花をのみ待つらむ人に　山里の雪間(ゆきま)の草の春をみせばや

――藤原家隆（六百番歌合）

残雪の雪間(ゆきま)からは地表の物を覗き見ることができる。白い残雪の面と雪間の色との対比は、目に鮮やかなものである。特に、「雪間の若菜」の淡い緑色は早春の風物として、本格的な春の到来の近いことを告げるものである。雪の季節と花の季節の境目にあって、花だけが美しいものではなく、「ここにこんな美しいものがありますよ」と、人の心にささやきかける歌だと思う。千利休のわび茶の精神を表現する歌として、この歌はよく知られたものであった。

和歌をヒントに造景へ向かう道もあってよいと思う。古典和歌には現象として出現する自然の姿を言葉によって映像化した膨大な蓄積がある。そのような歌を糸口に造景を試みることで古人と心を通じ合うこともできるだろう。

10 トシ（年）――季節はめぐる

古語のトシ（年）には稲の意味がある。稲を種まきして育て収穫するサイクル、これもトシと呼んだ。古代の人々は、１年を生命的な時間としてとらえていたのである。天地の運行とともに季節はめぐり、さまざまな現象や生命の活動が展開する。日本の信仰も芸術もそのような宇宙観によって形づくられたと言える。

トシとタマ

トシ（稲）を神格化したのがミトシ（御年）の神である。お正月は年神様がやって来る季節とされ、すべての生命の営みは、年神様がもたらす力によって発現するというふうに考えられていた。年神様がもたらすこの命の根源の力のことをタマ（玉、魂）と言った。白く丸い鏡餅がそのタマを象徴している。正月に向け餅つきをし、神に供え、鏡開きをして皆で分けて食べる。タマをいただくのである。

現代では西洋式に誕生日に年をとるが、昔の日本では正月に皆いっせいに年をとった。年神様からタマをいただき、そこで年をとる。衰えた太陽の力が復活する正月に、新たな生命力を身に着ける。元旦は再生した朝陽の光を初めて迎える時である。お正月が「めでたい」のはそういう宇宙観、生命観によるものである。

古今集の四季の表現

『古今和歌集』は最初にできた『勅撰和歌集』であり、その編纂スタイルはその後の古典和歌集の模範となった。全部で20巻、正月の歌から始まって、春、夏、秋、冬……という順番に歌が並んでいる。その歌を読んでいくと、まさに絵巻物を見るがごとく徐々に季節が移り変わるよう歌が配列され、映像的なイメージを伴って季節の推移が美的に表現されている。

一つひとつの歌が表現する自然現象（部分）が、季節の推移という時間的構造（全体）の中に、調和を保ち位置付けられている。このことは編者たちに、個々の歌の良さを見抜く美意識とともに、集全体の構造に対する美意識、いわば編集の美学といったものが強く働いていたのだと感じる。日本の風土の特色である四季の移り変わり、その全体構造を美的に形象化した高度な芸術作品が古今集であったのである。

このような表現方法は編集の中心人物、紀貫之の影響が大きかったとされている。貫之は屏風歌の名手であり、当時の屏風絵は主に四季の景物の推移が主題であったことから、絵画と和歌は四季の表現という点で相互に影響があったとの指摘もある。しかし、根本的にはこの表現方法は日本の古来の信仰あるいは宇宙観ともいうべきものに由来すると考えられる。

移ろいに対する永遠

古今集では推移する1年の姿を四季の歌で表現した後に賀の歌を置いている。ここにはめでたい歌、長寿・繁栄を寿ぐ歌が集めてある。その最初の歌は、君が代の元歌といわれる「わが君は千代に八千代にさざれ石の巖となりて苔のむすまで」(わが君は、小さな石〈サザレイシ〉が成長して大きな岩〈イハホ(いわお)〉となり[古代人は石にも命があり成長して大きくなるとの観念があった]苔が生すまで永くましませ)である。

うつろう四季の景物の代表が「花」であるのに対して、長寿(永遠の生命)を象徴するものは「石」であった。円環的に移ろいゆく季に対して、次元の異なる不動の中心点として石が据えられているといえるだろうか。

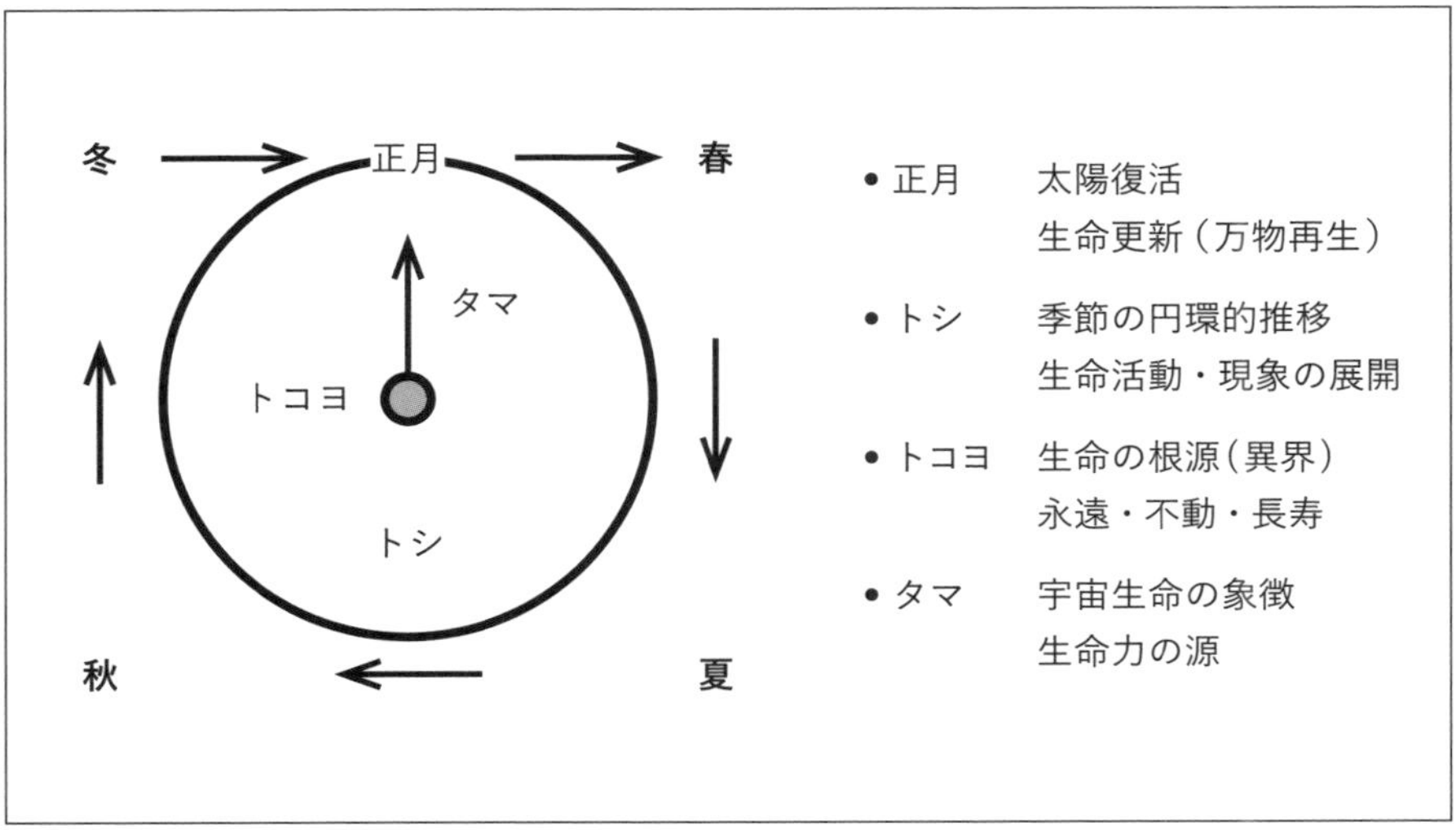

冬 → 正月 → 春
タマ
トコヨ
トシ
秋 ← 夏

- 正月　太陽復活
  生命更新(万物再生)
- トシ　季節の円環的推移
  生命活動・現象の展開
- トコヨ　生命の根源(異界)
  永遠・不動・長寿
- タマ　宇宙生命の象徴
  生命力の源

模式図13　「トシ」の構造(いのちの営み)

シャーマニズムから美学へ

国際政治学者の倉前盛通（くらまえもりみち）（1921－1991）の『自然観と科学思想』には日本の自然美学について、類書にない独創的な説が述べられている。倉前は12世紀ごろ（鎌倉時代）から仏教の宗教改革が始まるが、それより「2世紀位早く日本シャーマニズム、つまり神道においてひとつの宗教改革が行なわれたと見られる」とし、次のように述べる。

◆日本シャーマニズムの宗教改革は、神学イデオロギーや、神教のバイブルをつくることではなかった。それは「美学」としての神道の高等宗教化であった。それは美学的自然観のセンスを高度に洗練することであった。古今集がはじめて勅撰集として紀貫之によって編集された頃から、日本シャーマニズムは、インドの宗教哲学や中国の政治哲学とは、全く次元の異なる、「美学としての自然祭祀」の形に昇華されたのである。

古今集に表現された四季の推移の美は、このような「美学としての自然祭祀」に連なるものだったと言える。

このような美学はその後、日本の文化の中を貫流し、和歌や文芸はもとより絵画や工芸、文様・紋章の造形などに決定的な影響を与えた。

その美学とは、芸術家個人による創作や表現に関する美学と異なり、宇宙的・宗教的なものとかかわる美学であった。

◆風雅におけるもの、造化にしたがひて四時を友とす。見る処、花にあらずといふ事なし。おもふ所、月にあらずといふ事なし。

【意】「風雅」は広くは芸術、狭くは俳諧。「造化」は万物を創造化育するもの。「四時」は春夏秋冬、季節のめぐりのこと。

——芭蕉『笈の小文』

この有名な芭蕉の言葉も、「美学としての自然祭祀」につながるものだと思う。俳句の季語はこのような芸術観によるものであり、古今集以後の季の美学の伝統を受け継いでいる。

観音と宇宙の生命

仏教学者の鎌田茂雄（1927–2001）は観音信仰に関する文章の中で次のように述べている。

◆観音の真実の相は何かといえば、それは宇宙の生命そのものであろう。それは無相なものである。虚空のようなものであるといってもよい。形はないのである。無限の生命そのものが観音の本質だと考えてもよい。（中略）山はこれ山、水はこれ水として、有るものが有るようにしてあるのが、観音の相にほかならない。もののありようといってもよい。秋になれば紅葉する、春になれば花が咲く、草木はそのありようにおいてあるのである。

——『観音のきた道』

つまり山川草木をはじめ、もののありようのすべてが観音の姿だということになる。「草木国土悉皆成仏」という言葉が思い浮かぶ。このような観音は日本人の伝統的な信仰心からすると、かつて那智の滝が神であり観音であるとされたように、神々との距離はそう遠くないと言ってよいのではないか。私たちの身の回りの風景の中にそのような神仏の働きがあるととらえることが日本人の信仰における考え方であったと言えるだろう。

季節・気象の変化を表わす庭

生きとし生きるものの営み、それを突き動かしているのは、大地（地）や大気（風）に含まれるさまざまな元素、生命のもととなっている水の働き（水）、そして太陽からの光（火）である[注2]。太陽の一年の変化に応じ、万物の営みが展開する。四季の推移から日々の天気の変化まで、時々刻々と世界は休みなく動き、眼前の風景も変化する。光や風、雨や雪、植物や動物などさまざまな現象や活動が出現し推移する。庭はそのことを表現する場でありたい。

【注２】
「地・水・火・風」の四つを、仏教の世界観では万物を構成する要素と見なし、四大（しだい）という（第５章［参考１］「スペース・マンダラ」の造形、64頁参照）。

第7章　庭の転換――地球が造る

1　砂の島にて

　忘れがたい風景というものがある。南の海の二つの砂の島で出会った風景は、今も心の中に焼き付いている。最初のものは、思いがけず強烈に目に飛び込んできた。二つ目は、自ら求めて出かけたものだった。今にして思えば、そのいずれも、現象として出現した砂の庭との出会いだった。

南島

昔、小笠原諸島を訪ねた時のことである。

自然環境がすばらしいとされる南島にボートででかけた。海から見る南島はごつごつとした岩の島だった。海にそそり立つ崖の岩の一部にトンネルのような隙間があり、その手前でボートは停止した。後ろから波が来た時、ふたたびエンジンを始動させ、その波に乗って岩のトンネルを通り抜けた。するとそこは小さな入り江になっていて、前方に白い砂の浜辺が広がっていた。岩の島と見えた南島の内側は砂の島だった。

上陸して歩き始めた。足元の砂浜は岩山に囲まれた砂坂となり、砂の丘となった。その丘を登りきると、砂でできた擂（す）り鉢のような地形の真ん中に不思議な色をした池が見えた。地面は白く輝き、点在するタコノキ（蛸の木）や地を這うハマゴウの緑が目に鮮やかだった。その時、「自然は最高の造園家だ」という言葉がおのずと口に出た。

ハテの浜

それからずいぶん経って、日本で一番行きたいところへ行くと決めて選んだ先は、沖縄久米島の「ハテの浜（果ての浜）」だった。

久米島のイーフ[注1]ビーチからボートでハテの浜へ向かった。海底には白い砂と黒い岩がまだら模様を描いていた。ハテの浜は一木一

南島（小笠原、1972年）
白砂と岩と植物が織りなす風景
自然こそ最高の造園家だという感を抱かせる

草もなく、サンゴのかけらだけでできた島[注2]だった。

　ざくざくとしたサンゴの砂を足に感じながら歩き始めた。白い浜辺が曲線を描いてずっと先まで続いていた。白い浜に続く静かな青い海、その外側は黒々としたリーフで囲まれ、そこに外海からやって来る波が白く砕けていた。波の音は永遠にやむことなく続くように思われた。

　ハテの浜は海から現われ、風波により形を変えていく島、まさに生成しつつある島であった。ここは、大地の始まりの島、庭の始まりの場所だと思った。

ハテの浜（沖縄県・久米島、1996年）
サンゴの白い砂だけでできた島

【注1】　イーフビーチの「イーフ」というのは沖縄語で、「おもろ」（沖縄の古い歌謡）に見える「いふさき」「いほ崎」などと同類の言葉であり、イホ、イーフとは砂が堆積してできた洲の意味であるという（『沖縄古語大辞典』）。「おもろ」には、清らかな白い浜辺は神が寄り付いてくる場所だという歌が見える。

【注2】　ハテの浜のような島は地形学的には「サンゴ洲島」または「サンゴ小島」、あるいは単に「洲島」という。英語ではcay、key、kayなどとつづり、発音はいずれもキーである（『地形学事典』）。

2 身近な探索

遠くへ出かけなくても、身近なところで庭の「種（たね）」となる自然の美は発見できる。自然を探索し、美しいものを見出した時は素直に感動する。そのような目と心を持ち続けたい。造景の観点からは、この美しさはどのような自然の働きによるものか、どのような仕組みにすれば庭に実現できるかということを合わせて考えることも必要だろう。

水田

水田は1年を通じ、田起し、水張り、田植、成長、稲原、開花、結実、稲刈り、刈田、稲積、雪の田など次々にその景が変化する。

最も注目すべきは、地面と水面の転換が行なわれることである。水面は水面、地面は地面と固定化するのではなく、人が水を操作することによって、同じ場所が〈地水転換〉を成し遂げる。造景の観点から見てその変化は驚きである。水を張ると、水田は周囲の木立や山並の影を映し、朝夕の日の光に輝く。

そのさまは、まさに水の庭である。水を張ると、とたんにカエルが鳴き出す。稲が育つだけでなく、さまざまな生物の生活の場（ビオトープ＝いのちの庭）となる。水田は造景に対して多くのことを示唆する古来の庭だと思う。

大空

空には雲が浮かび、常にその姿を変え続けている。それは空中に浮かぶ水が太古から大空に繰り広げてきた悠久の営みである。

季節、気象、日照、風などによって雲の様子も空の見え方も変化する。また、地上の物との関係で空の見え方は変わる。地平線、水平線、山の端、スカイラインは空の見え方を規定する。

そのあり方によって空の形、空の見え方は異なる。空自体は人の力でどうにもできないが、地形・地物のあり方を変えることで、空の見え方も変わる。空の一部を隠したり（遮蔽）、窓から見せるという方法（ピクチャー・

水田に水が張られると風景は一変する

プラットフォームの屋根で区切られた空

ウィンドウ）もある。造園の手法として昔からある借景もその一つである。空と造形の組み合わせ方を工夫し、大空の美を新しく見せる方法もあるだろう。

屋　根

屋根は日よけ・雨よけとして家を守り、常に外気、外界、天空と接している。そこは、日照、風雨雪など天気の影響を常に受けている。

金属板のような濡れと乾きの状態で色が変化する素材は、気象変化を敏感に表現してくれる。晴天、小雨、大雨、朝露、霜、雪など、気象変化に応じて屋根面の表情、出現する模様が変化する。そのような屋根は天気の翻訳装置のような役割を果たしてくれる。

このように人工的素材を媒介として感じ取れる自然美（あるいは現象美）も存在するのである。現象を活かした造景の観点からは、このような気象の変化に感応する素材の発見・活用も課題となる。

霜

露

雨による濡れ乾き模様

気象変化により屋根に出現する現象

3 自然と人為

雪は地上のいろいろな物に降り積もり、物との組み合わせによってさまざまな雪の形（積雪形態）が出現する。水辺では水面に降る雪が消えて、雪のあるところとないところが美しい景をつくり出す。逆に、水辺のつくり方を工夫することで、出現する雪と水の景をある程度まで意図的に操作することができる。ここでは雪景を例として造景における自然と人為の関係を考えたい。

雪と水による造形〈その1〉 **水上冠雪**

流水に降りかかる雪はすぐに消えてしまうが、流水の面から上部にある物体には積もるため、水面に浮かんだように見える積雪〈水上冠雪〉が形成される。

富山県内の都市部の道路には散水型の消雪装置が広く設置されているが、その水が積雪に作用して雪が消えてしまうまでの過程でさまざまな雪の形が形成される。

タイル舗装面の場合、目地部分はやや低く水が流れやすいため雪が消え、タイル面はやや高いため雪が降り続くと雪が消えないで残ってしまう。そのようにして白いウサギの軍団が行進するような視覚的に興味深い雪の形が出現することがある。

この発見をヒントに考案したのが実験庭園〈水雪の小庭〉である。庭の面をタイル舗装として消雪水を作用させたところ、上記に似た白い点状の積雪が形成された。自然の降雪と人為〈操作〉としての消雪水および基盤〈雪が降り積もる地面や物体〉との〈相互作用〉によって、現象としての積雪の形が出現した。

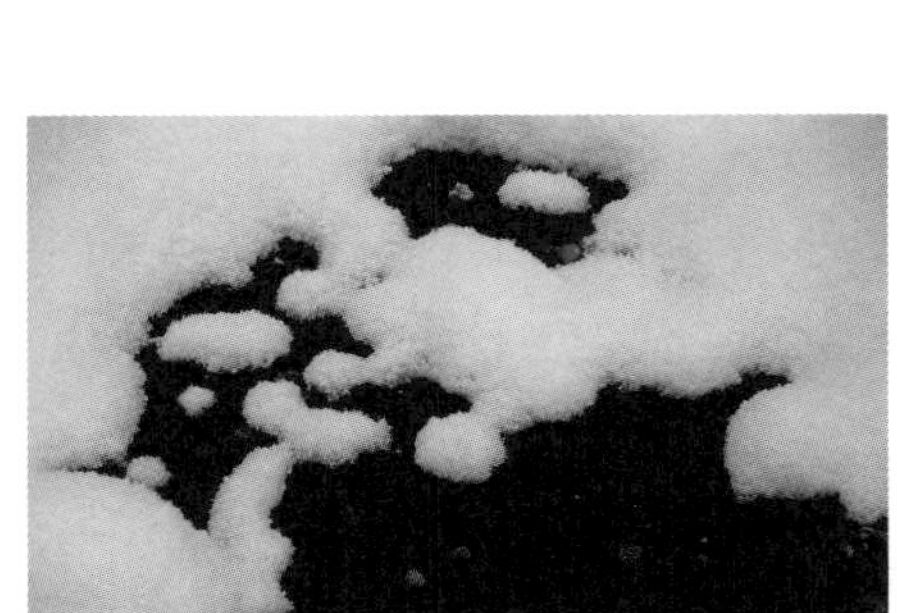

砂利敷きの地面に消雪水が描く雪の模様
（水上冠雪と同じ原理による形成）

川中の転石の上に形成される積雪
（水上冠雪）

消雪水の作用によるタイル舗装面への積雪（これも水上冠雪と同じ原理による形成）

雪と水による造形〈その2〉 消雪模様

凹凸のない平坦面を消雪水が流れる場合には、川の流れと州の形に似た積雪が形成される。降雪の度合い、水の流れ方、気温などによって、多様な積雪の形〈消雪模様〉が出現し、変化していく。

実験庭園〈水雪の小庭〉でも消雪水の流れによって、川州の形に似た積雪が形成される。降雪の状況や消雪水の働かせ方によって積雪の形〈消雪模様〉が出現し変化していく。

このように、自然現象である降雪・積雪に対し、人が直接に手を触れて造形するのではなく〈間接的〉に消雪水によって働きかけを行ない、そこに現象としての雪の形を出現させるのである。この現象は人為としての基盤の形状や消雪水の影響が加わって出現するもので、ある程度、意図的に操作された現象である。しかし、完全に

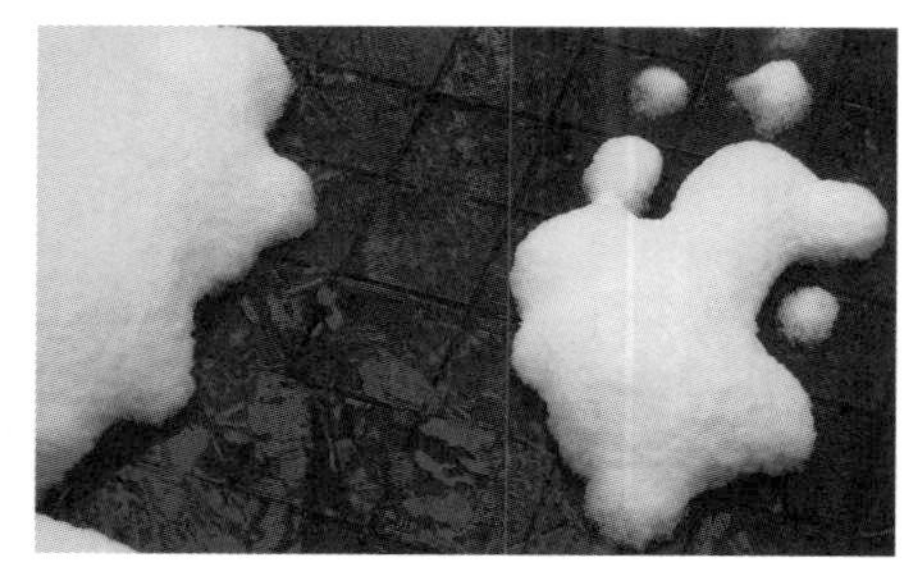

消雪水の作用によるタイル舗装面への積雪（水上冠雪）
（実験庭園―水雪の小庭）

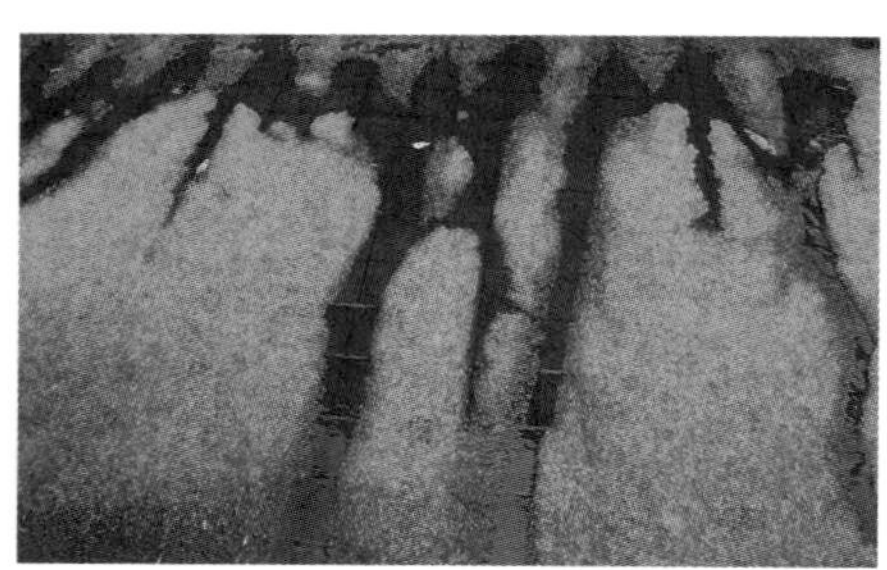

消雪水の流れによる積雪の形（消雪模様）
（実験庭園―水雪の小庭）

操作はできず、あとは自然（現象出現のその時々の条件）に任せるのである。

自然と人為の〈共働〉による造景

このような積雪基盤の形状や消雪水の作用によって積雪の形をつくり出すことは自然と人為の〈共働〉による造景といえる。大自然の力を借りて、身近なところに現象を出現させるのである。このような発想と手法は雪以外の現象にも応用することができると考える。

消雪水の作用による積雪の形（消雪模様）
（平坦な舗装面）

4 造形と自然

自己流に絵を描いてきた。水に溶いた水彩絵具と墨汁(ぼくじゅう)の「にじみ(滲み)」や流動性など、紙の上での現象を活かしながら描く方法である。そのような絵を描きながら思ったことは造形と自然との関係についてである。ここでは水絵、焼き物、現代芸術を取り上げ、このことを考えてみたい。

現象を活かす水絵

自己流だから自由な絵でありたい。自分も描くが紙の上で水と墨汁と絵具が反応して出現する現象を活かす。自分が描くというよりは、水にひそむ自然の力で描いてもらう。現象がうまく出現するのを自分は手伝っているのだと感じる。その辺のコントロールがうまくいくと作品になる。

このような方法は、作品の隅々まで作者が造形する制作から、作品は自然による造形と自分がなす造形が掛け合わさってできる結果への転換、いわば、自力と他力の〈共働〉による制作への転換と言えるだろうか。

にじみの手法と美意識

水絵の歴史を見てみると、このような方法は何も新しいものではない。西洋にも東洋にも、絵画制作の主流とはなりえなかったものの、「にじみ」や「しみ」を活かした絵画の技法が存在したと言われる。

〈中国絵画における現象の活用〉

中国絵画の歴史では、古来の伝統的技法はやはり筆（筆線・線描）中心のものであり、水墨の暈し(ぼか)は唐の時代、９世紀頃から新しい技法として登場してきたものだとされている。例えば王墨(おうぼく)という画家は、画面に墨を注ぎ、筆や手でそれを広げていくと山や雲が現れて絵になる潑墨(はつぼく)という技巧で描いたとされている（新藤武弘『山水画とは何か』）。

まさに紙の上の天然の働きを霊感によって絵に取り込んだのである。それは画面上に自然の現象として現れるもの──「にじみ」──を活かす絵画の方法であったと言える。

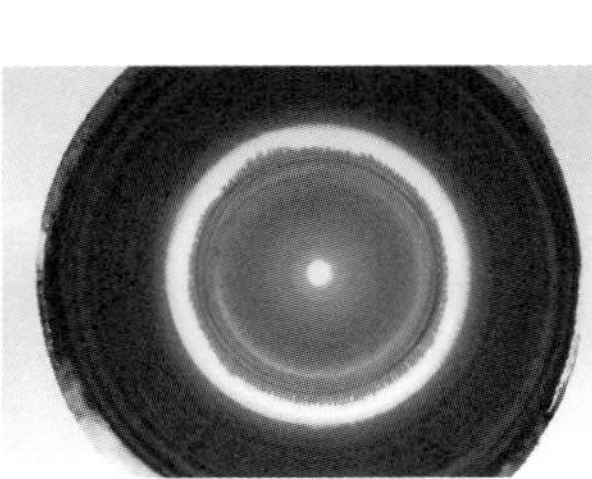
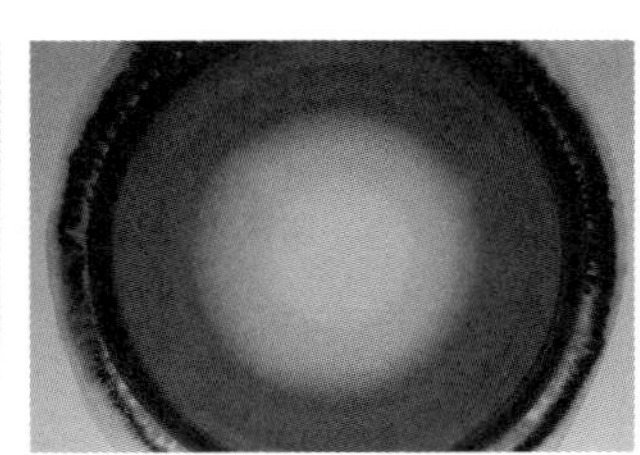
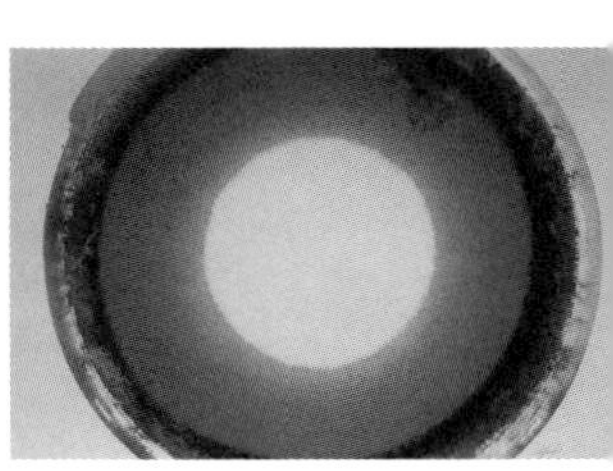

円相図譜シリーズ（著者、1989年）

〈イギリスの水彩画における現象の活用〉

18世紀のイギリスの水彩画家アレギザンダー・カズンズは紙にインクを撥ねかけたり、別の紙を当てて擦ったりして偶然の「しみ」をたくさんつくり、その模様を見て豊かな想像力と筆さばきで理想的な風景画に変えてしまったという（斎藤泰三『英国の水彩画』）。シミには水彩絵具による天然の現象が出現しており、その形は彼の眼には大きな創造力をかきたてるものであったのであろう。

〈「にじみ」の美意識〉

このような「にじみ・しみ」など、現象として出現してくるものに美を認める精神、すなわち「にじみ」の美意識について、美術史家の矢代幸雄（1890－1975）は「天然の斑紋のうちに、芸術の高趣を見出す」ためには二つの条件が必要だったと指摘する。すなわち、その1は「描写本位の芸術観を持たないこと」、その2は「絵画の材料技術的に水墨画的体験があったからであろう」と言っている（矢代幸雄『水墨画』）。

「水墨画的体験」とは、水に溶けた墨の性質、挙動をよく知っていること、水の動きと一体になりながら、できる範囲でそれを助長し、かつ制御する方法を身に着けているということであろう。

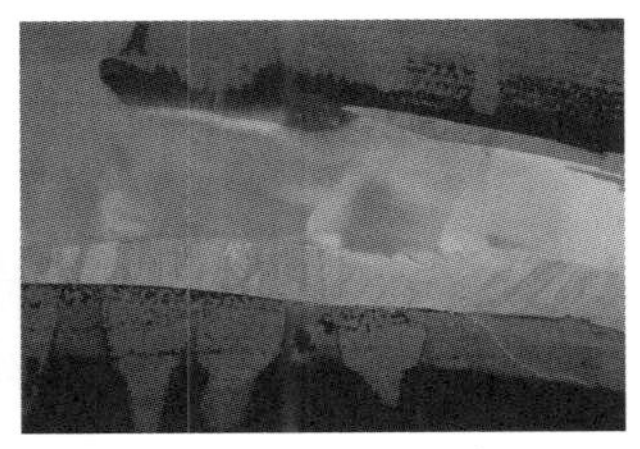

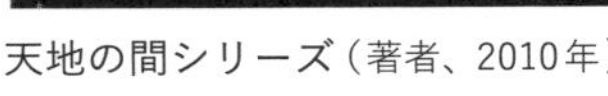

天地の間シリーズ（著者、2010年）

日本の焼き物と自然美

釉薬（ゆうやく）の垂れてとどまった形「けしき（景色）」は現象の形である。現象の形を尊重するという点で、焼き物と現象を活かす水絵には共通の美意識があると思う。

日本の焼き物の研究家、荒川正明（あらかわまさあき）氏は「やきものに込められた聖性―日本陶磁の隠れた魅力―」という一文において次のようにいう。

◆いにしえの日本人は、うつわに聖なるイメージを託してきたと私は考える。

……うつわの見どころを、「景色（けしき）」とよんだりする。

……土器や焼き締め陶器には、人間が自らの手でかたちづくったものでありながら、そこに土や炎が織りなす自然の作用が融合した造形の妙が存在する。焼き締め陶器の素地の上に流れる釉、とくに器面全体を均一におおうのではなく、いかにも変幻自在な流水のような動きの釉を、自然釉とよんでいる。

……つまり、人為的ではなく、土と炎の作用によって自然にできた釉であった。古代の日本人はこの自然釉の流れの中に、崇高な自然の気や霊気が立つ様を感じ取ってきたと考えられる。

このような自然釉がつくり出すむらむらの形に美を見出すことは、自然美を尊重する心からきていると思う。茶碗の自然釉に美を認め、その模様「けしき」のイメージから茶碗に銘（作品名）をつけて扱うということは、高度な美意識があって初めてできることである。西洋文化を受け入れる前の日本には西洋とは異なる美学があったと言える。

それは自然の造るものに、また天地宇宙の営みに最大の敬意を払う美学であり、自然のやり方に習い、それに順応する、歩調を合わせようとする造形であると言ってよいであろう。

この日本独自の美意識のことを「自然美学」と呼ぶとすれば、この「自然美学」は日本の造形文化と深くつながっている。特に、日本の焼き物にそのような美学が顕著に表われていると考えられるのである。

本阿弥光悦「不二山」(国宝)
銘は、上半分が白で下半分が黒っぽいその姿を、雪をかぶった富士山に見立てたもの

芸術を創造するものとしての自然 ——カイヨワの美学

自然の美学について述べている西洋の哲学者にロジェ・カイヨワ(1913―1978)がある。長年にわたる現代芸術の考察から得た結論をまとめた『自然と美学 形体・美・芸術』は、この問題に大きな示唆を与えるものである。カイヨワは次のように述べる。

◆自然が芸術のモデルなのではなく、むしろ芸術は自然の特殊な事例(ケース)であって、美の立場から構想や制作という補足的な手続きを加えた時に生じるものだ。

◆新しい芸術家が着目するのは、かつての画家が長年の学識、訓練、努力によって制作したような美ではなく、「生の自然の美」であって、「自然の力を信頼して」それをつくり出すものに芸術家は「頭を下げる」ようになる。「自然を単に美を創造するものではなく、芸術を創造するものとし

て尊重するようになる。

カイヨワの美学は、現代の芸術には、ふたたび、新しいかたちで「自然美との絆」を回復しようとする傾向が含まれていることを示すものであると言える。

20世紀美術の「自然画」

20世紀美術の最も顕著な特質のひとつとして抽象絵画の発生と展開がある。その背景について大岡信は『抽象絵画への招待』の中で、絵画は単に外界を写すものではなく、世界認識の重要な手段のひとつとする考え方があるとし、次のように述べる。

◆それは生命力としての流動性の強調とか、時間と空間の相互浸透とか、特定の視点の消失とか、いくつかの顕著な傾向があるといわれるが、抽象絵画における自然との関係に着目してみると、そこには従来からの風景画とは別の、「自然画」とでも呼ぶべき作品が絵画の中に大きな位置を占めてきているといわれている。

自然の根源的な生成力・形成力、あるいは人間にも流れているその力から出発し、その力の証明でもあるような絵が描かれてきたとされる。産出力としての動的な自然の本質に迫ろうとする時、そこには絵画の中に必然的に現象としての自然も戻ってくることになった。現象そのものが現代絵画の主題となってきたのである。

現代アートと自然現象

アースワークやランドアートと呼ばれる現代アートの分野は、環境の中へ造形芸術が進出したものということができる。

アースワークの作品で自然現象を主役にしたものとしては、ワルター・デ・マリアの『稲妻の平原（１９７６年）』が知られている。それは荒野に避雷針を多数立てて落雷を誘発するもので、三谷 徹氏が紹介する作者の言葉によれば「天空と大地の関係こそ、作品の本質である」とある（『風景を読む旅』）。

近年は身の回りに日常的に生ずる自然現象を主題とするものが見られる。光の芸術家といわれるジェームズ・タレルは建物の屋根の一部を開けて空の光を取り入れる空間を作品としている。また、関口恒男（せきぐちつねお）氏は水と鏡を使って太陽光を七色に分光、投影する手法を作品に取り入れている。

アルゼンチン出身のレアンドロ・エルリッヒによる金沢21世紀美術館の『レアンドロのプール（２００４年）』は、いつも長蛇の列ができるほど人気が高く、同館の楽しさのシンボルとなっているが、この作品も日常的な光と影の現象を活かしたものである。巧みな空間設定と意外性がその人気の秘密と思われる。

ジェームズ・タレル「光の館」
（越後妻有、常設）
可動式の屋根がスライドすると
天井の窓から空が望める

関口恒男「レインボーハット」
（越後妻有トリエンナーレ2012）
水の入った器に鏡を斜めに浸すと
太陽光が七色に分光・投映される

造形と自然との関係

以上に見てきた水絵、焼き物、現代芸術における自然を尊重し現象を活かす制作の方法に共通するものとして、次のようなことが挙げられる。

- 天然の現象に美を見出し、それを活かす制作であること。描写本位の芸術観ではなく、自然の作用がつくり出す形、すなわち天地宇宙の営みに敬意を払う美学に基づく造形であること
- 人が創作する芸術に対し、自然が芸術を創造するという見方に立ち、天地に満ちる自然の生成力の本質に迫ろうとする制作であること

このような造形のあり方は、自然美が出現する庭づくりや現象を活かした造景に対し示唆するものを含んでいる。

レアンドロ・エルリッヒ「レアンドロのプール」
（金沢21世紀美術館、2004年）
底が透明な水槽に水が浅く張られ、
太陽光が差すとその透過光が地下室に
水面の波のゆらぎのパターンを投影する

5

州浜の生成

州浜（すはま）に思いを巡らせていたある日、州浜をつくり出す自然のやり方が見えたような感覚にとらわれた。後で言葉にしてみると、あたりまえのことのように思えるが、自分の発見であるからこのことを大事にしたいと考えた。それは州浜の生成原理とでも言えるようなもの。原理がわかれば、それを応用して庭の造景に用いることができるはず。庭の中に簡易な方法で美しい州浜形をつくり出せないものだろうか。

州浜の形 ——その特質

これまでの観察をもとに、州浜の形（風景としての州浜）の特質を整理すると次のようになる。

①水辺にできる地形で、素材は動きやすい砂礫（されき）でできている。

州浜は海浜や河原など水辺にできる地形で、浜、渚、州、島などとして形成される。水に囲まれ、水流や波が寄せるところである。素材は砂礫からなり、水流によって運ばれてきた土、砂、石などが堆積してできたものである。

②砂礫の堆積の形が水流や波の力で流動し、水位変動によって見え隠れする。

水流や風波によってその形態は流動変化し、水流や風波の痕跡がその形に刻まれる。洪水時や満潮時には水位が上昇するため水没し、水位が低下すれば水上に出現する。水位変動によって見え隠れし、その形は大きく変化する。水底が水上に出現したものと言える。

③水上に見える形は平定だが、緩やかな起伏があり、水際線は出入りに富む。

ほぼ平らであるが、水面からわずかに高い位置にあり、なだらかな起伏がある。部分的に微小な凹凸が見られることがある。水際線は緩やかにカーブしたり、出入りに富んだり、入江（浦）と出州（です）（州崎（すざき））などさまざまな曲線によって水際線が形成される。

ハテの浜のサンゴ洲島（沖縄県・久米島）

厳島神社前の干潟（広島県・宮島）

海の州浜

④水に洗われて形成された出来立ての地であり、清らかで優美な印象を与える。

水流によって形成され、洗われながら水上に顔を出した出来立ての大地であり、浄化された地面といえる。平定で、美しいカーブのあるフォルムは女性的で優美である。遮るものがないため、そこは光に満ちた明るい空間となり、白い砂礫の色が水と明快に対比するさまは印象的である。

以上の「水辺・砂礫、流動・出没、平定・起伏・屈曲、清浄・優美・明快」などが州浜の風景としての特質を表わすキーワードと考える。

自然のやり方の発見――州浜の形成原理

州浜の形（かたち）（州浜形（すはまがた））はどのようにしてできるのか、それを言葉で表してみると次のようになる。

平定だが緩やかな高低変化を持つ州浜の地形は、増水時（河川では洪水時、海浜では満潮時など）に水の流れの作用によって水底で形成される。やがて減水時（河川では洪水後の平水時、海浜では干潮時など）に水位が下がると、屈曲に富んだ水際線を持つ州浜の形ができる。州浜の地形勾配が緩やかなため、少しの水位の変動によってその形は大きく変化する。

この形成の原理を公式の形で表わすと次のようになる。

礫の州

砂の州

川の州浜（富山県・庄川）

●水流×砂礫（移動性）の水底
　→ゆるやかな地形（の凹凸）変化
●ゆるやかな地形（の凹凸）変化×水位変動（水位の低下）
　→州浜形

水流による水底での形成

州浜の地形としてのフォルムはまず水底で形成される。水底にある土砂や砂礫に水の流れが働きかける。州浜をつくる素材は砂泥や小石であるため、水流によって移動・堆積する。

このような移動性の水底は、いわば水流に感じやすい状態にあるといえる。風が水面に波をつくり出すように、水流は水底面に水流の強さ・形状に応じて砂簾（されん）（リップル）や砂堆（さたい）などの波模様をはじめさまざまな凹凸パターンをつくり出す。水面にできた波は風が収まればやがて消えてしまうが、水底の砂に刻まれた波模様などの凹凸パターンは消えずに残る。[注3]

【注3】川底が流水によって移動しやすい砂礫でできている場合、流れの条件と粒径に応じて、川底（＝河床／かしょう）にさまざまな凹凸（河床形）が発生する。最も小規模なものは砂簾（されん／Ripples）、これより少し大きいものは砂堆（さたい／Dunes）、規模の大きいものは砂州（さす／Bars）と呼ばれる。これらの河床の起伏は総称して河床波（sandwave）と呼ばれる（沖積河川学）。州浜は砂堆ないしは砂州に対応するものといえよう。流水が川底に形成する凹凸地形は河川学や地形学、堆積学の研究対象である。

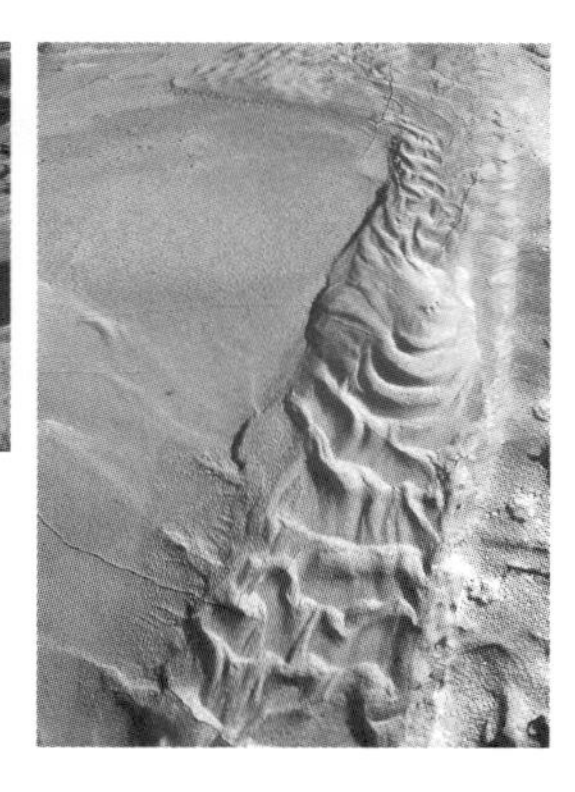

水流による水底での凹凸形成

いずれも砂地の水底に水の流れが刻んだ凹凸模様。
これらを観察すると、水の流れは複雑な中にも
一定のリズムのある動きで水底を造形することがうかがえる。

砂地に残された流水の痕跡を見ると、水とは一体どのようにして流れるものなのだろうかと、不思議に思う。

この疑問に答えてくれるのはテオドール・シュベンク（1910—1986）の『カオスの自然学』である。シュベンクは独自の世界観から水の特性を探求したドイツの研究者で、川の水の流れ方を次のように解説する。流れの中には、「下流に向かう運動」と「断面方向に渦巻く運動」があり、この二つの運動は「一つの螺旋運動」となる。しかも、一つの流路の中には、二つの螺旋が並んで流れるのだという。まるで流れの中に自在に形を変え、渦巻きながら進む龍蛇が2匹いるかのようである。砂に残された痕跡（複雑な凹凸パターン）はこのような運動によるものだったと理解できる。

またシュベンクは水と砂の相互作用について、沈殿した物質は流れを横切る形で畝（凹凸地形）をつくること、畝の形は常に変化し続け、ゆっくりと移動すること、その速度は畝の上を流れる水の速度より遅いことなどを指摘し、さらに「畝の形成は波の形態に影響を与える」と言っている。そこには原因と結果が一体となった独特の現象が生じているという。流れと砂は、接触面にできた波という場で〈共同作業〉をしているかのようである。流れと物質（素材）との出会いはこのような不思議な現象を生起させるのである。

砂堆（さたい）

砂簾（されん）（リップル）

砂州（さす）

河床波の種類

水位の低下による水際線の形成

州浜はこの土砂・砂礫のフォルムが水位の低下によって水上に顔を出し、陸地となったものである。陸地となった州浜は水際線で囲まれる。この水際線のフォルムは水位の変動によって大きく変化する。自然はそのようなやり方で、水際線のフォルムを造形する。これが州浜の形として目に見えるものとなる。

実際の州浜を観察すると、そこには細かく複雑に入り組んだ線から、大らかに波打つ曲線まで多彩な線のフォルムを発見する。まるで州浜紋を見るようにきれいな円弧を描いた線もあり、自然の造形の不思議さに心を打たれる。

水は砂礫を素材として、流れの強弱や状態をさまざまに変化させ、立体造形（レリーフ造形）としての州浜の地形を造り出す。その後水位を低下させて、おのずから生じる水際線という線の造形を行なう。流水が彫刻家のように彫り、肉付けし、水面が画家のように描くのである。

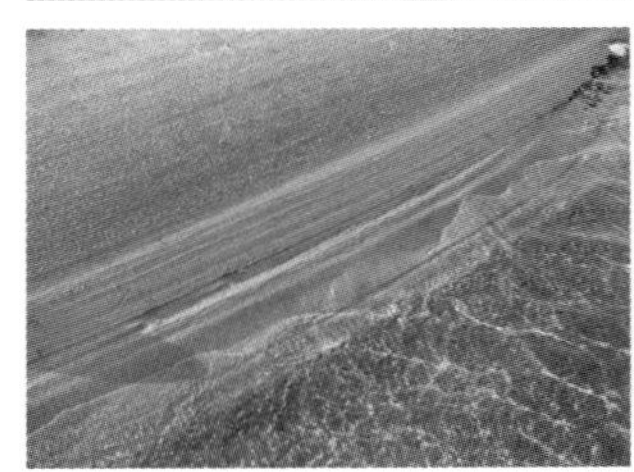

水際線の造形

水位の低下とともに水際線が出現する。複雑なものからシンプルなものまで、自然の造形は実に多彩である。上段の３枚は細かく出入りする形で、上右は『作庭記』にある島の姿の中の「松皮様」に似る。下段の３枚の各汀線には水位の低下とともに段階的に刻まれた汀線の痕跡が年輪状のパターンとして残されている。

自然がつくり出す州浜形

水辺の土砂による州浜以外にも、自然はいろいろな場面で州浜に似た形をつくり出す。特に、水や雪の現象においては、さまざまな州浜と類似の形（州浜形）が形成される。これらを見ると自然は州浜形をつくりたがっているのではないかとさえ思いたくなる。

州浜形の生成法

緩やかな凹凸と水位の変動の掛け合わせによって州浜ができるという原理を応用し、庭に州浜形をつくり出すことができないだろうか。

これまで卓上の板庭で、州浜形の生成法をいくつか試みた。簡便な設定で、美しい州浜形が出現する方法が求めるものである。現象の造景として現代の「州浜台」を目ざしたい。

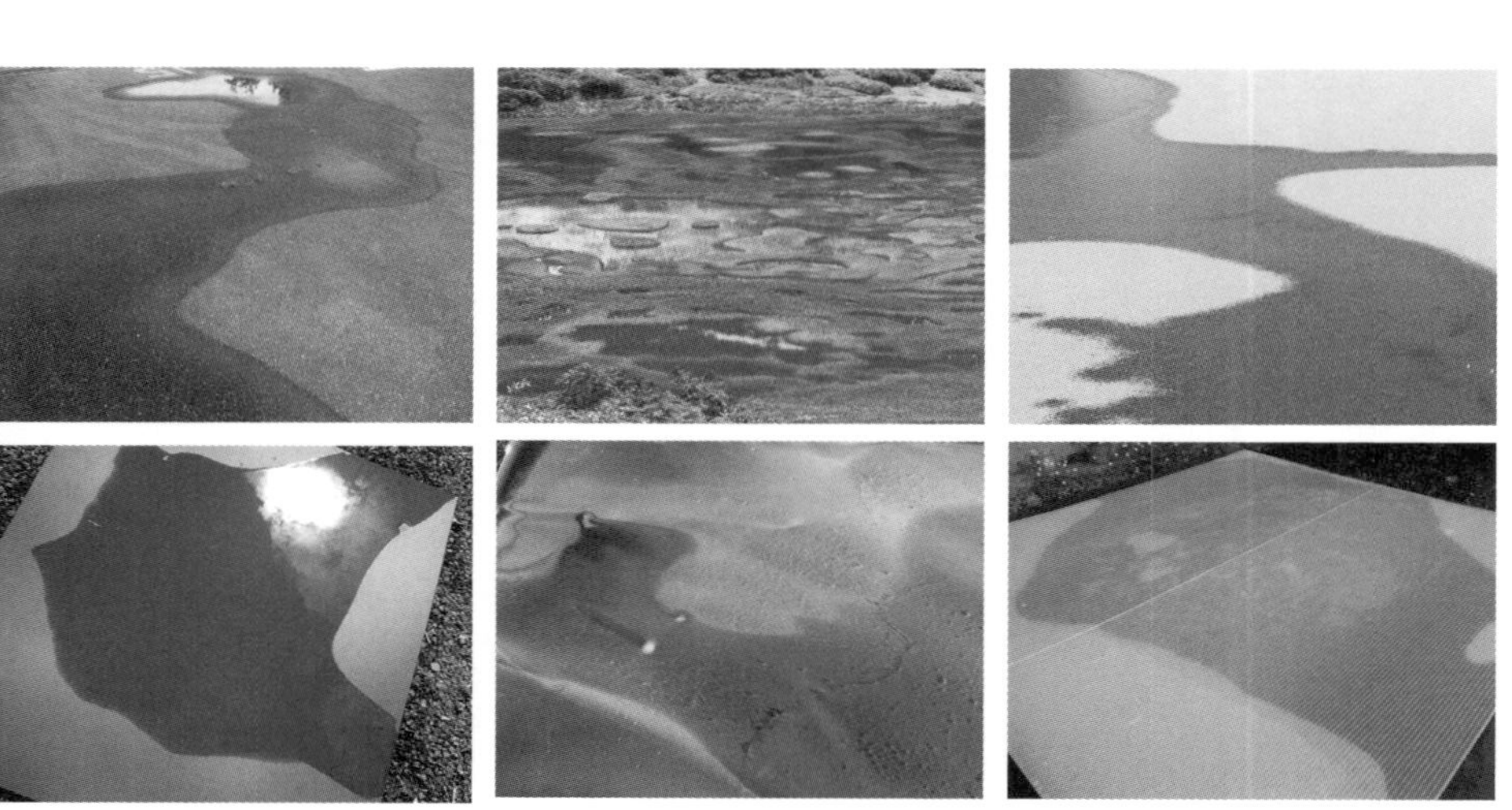

州浜形の生成

自然はいろいろな場面で州浜形をつくり出す。右上は水面積雪模様。中央は湿原の形。左は舗装面の凹みにできた濡れ乾き模様で、人工的環境でも州浜形が形成される例。下の３枚は卓上の板面に生成した州浜形で、右は鋼板上の水をプラダン板で覆った形、中央は鋼板上の粘土水の痕跡、左は鋼板上の濡れ乾き模様。

6 水流が描く

水に粘土を溶かして卓上の板の上に流すと、水流の痕跡が粘土粉の模様として残る。ごく小さな平板上の出来事であるが、ここには、水が大地の上で土石を運搬・堆積してさまざまな地形をつくり出すやり方と共通の原理が働いている。卓上の平板は地球の表面に見立てられる。

水流は土石で大地を造形する

河川では水流が地球のかけらである土石、砂礫の類を運搬し、堆積していく。水流は土・砂・石という素材を使って大地を造形する。

また水流は、水面下に土砂が堆積した面（水底、河床）に働きかけて造形する。堆積面の上を水が流れると、そこには流れの痕跡が残る。河原や土取り場では、水と土砂の〈相互作用〉による形態形成の痕跡（筋状や波状の模様）が観察される。

　このような水の造形力は、水に働く地球の重力と水自身の性質による。水の流れ方は地面の傾きや凹凸に左右され、さらに水自身の性質によって渦巻きながら複雑な形で流れる。その痕跡が土砂の堆積面に残される。

水流を活かす絵

水絵の制作では次のような方法を試みてきた。

●流下する水の現象を活かす …… 画板を傾けて絵の具を含む水をゆっくりと流下させ、その痕跡を紙に定着させる。重力を利用する方法である。

●水の流れの形を定着させる …… 墨を

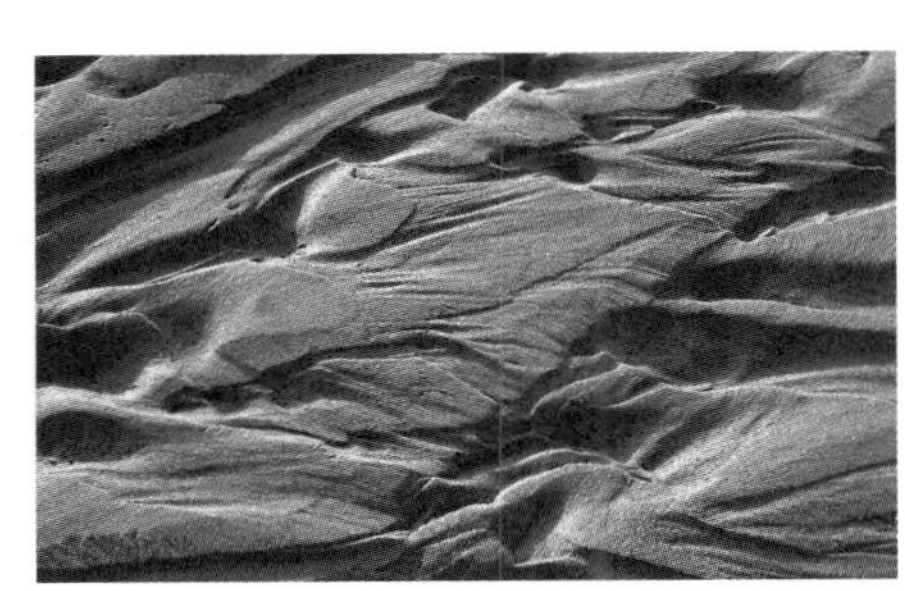

河原の砂の洲に残る流水の痕跡（富山県・庄川）

墨を含む水が紙の上を流れた痕跡の定着
（著者制作）

流下する水の現象を活かした水絵
（著者制作）

含む水が乾いた紙の上を流れると、そこには水の渦巻く形が定着する。その形を見ると、水はごく小さな流れの場合でも、実に複雑で精妙な動き方をして流れるものだということを発見して感嘆する。

この手法は水の流動性を活かし、紙の上に流れの形を痕跡として定着させ作品化しようとするものである。

板上に土石が描く

以上の河原や土取り場での観察と水絵制作の体験をもとに、卓上の板面に水流の痕跡をつくり出す試みを行なった。具体的には、平板（ガルバリウム鋼板）の上に粘土の粉末（化粧泥）を溶かした水を流し、その痕跡を観察した。

●**板の形状と粘土水による変化**……鋼板の傾き、凹凸の付け方などによって流れ方が変化する。粘土の粉末の種類（色）、溶き方・流し方によって痕跡は異なる表情を示す。

●**濡れと乾きによる色の変化**……鋼板は濡れると黒く、乾くと付着する粘土粉によって白く見える。乾燥後に濡らすと黒に戻る。直射日光を受ける時は乾くのが早いため、眼前で濡れと乾きの領域が変化していく。乾燥化の最中には白と灰色の濃淡模様が見られる。

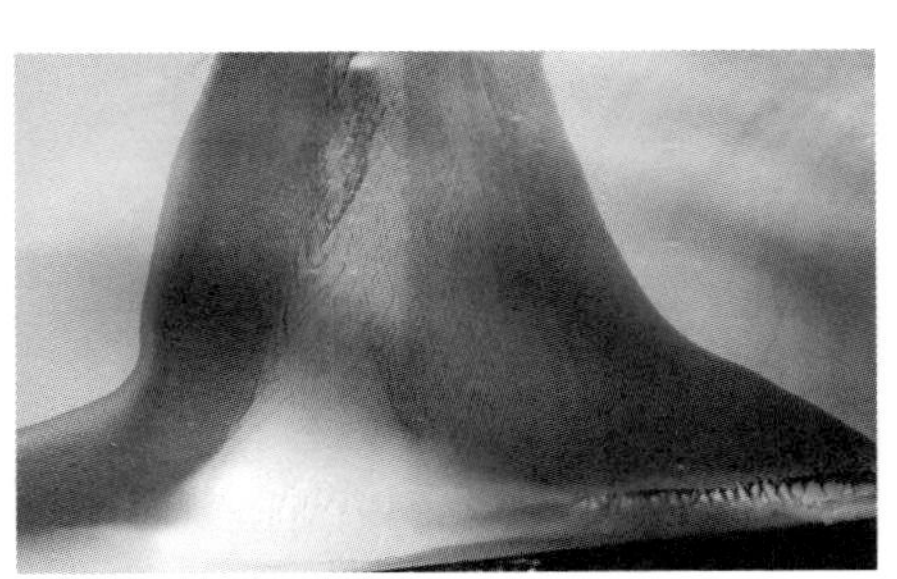

鋼板上を流下する粘土水
乾燥後の状態

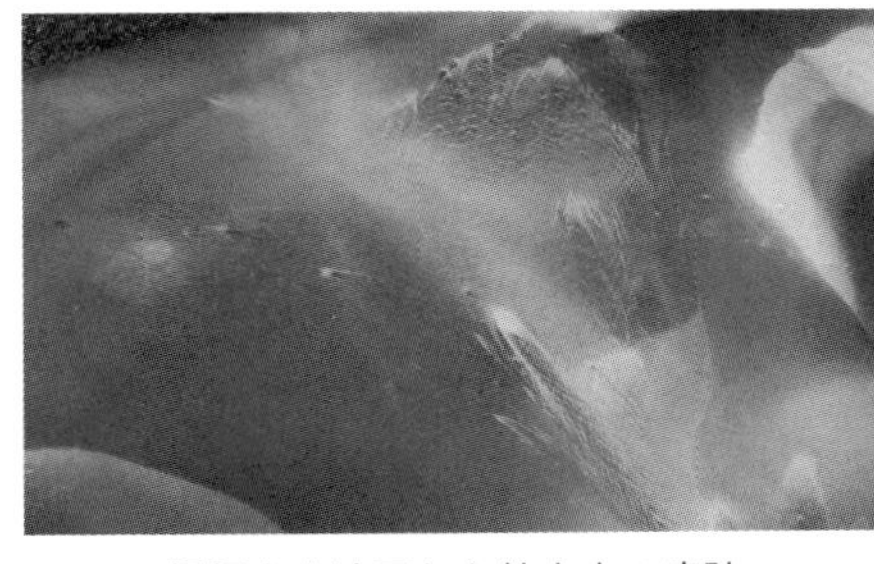

鋼板上を流下した粘土水の痕跡
運搬と堆積の最中の状態

●**水流によるリップルの形成**……粘土が比較的厚く付着した部分に水を面的に速く流すと、一瞬にしてリップル（本章5州浜の生成、182頁参照）に似た小さな波状模様が出現する。

●**水の飛沫による痕跡の形成**……粘土が付着・乾燥した部分に水の飛沫や雨が落ちると、その痕跡が残される。

水流による地形の形成

この卓上の小さな平板に出現する形を観察すると、細部に至るまで自然界で形成されるのと同じ原理によって土砂（粘土の粉）が造形されることに感銘する。細かな部分にも実際の地形に似た形が形成される。例えば、フィヨルド海岸のような細かな出入りのある水際線、天の橋立のような大らかに伸びる砂州の形、川や湖、入江や湾や半島の形などが出現する。これまで見たことがない初めての土地を上空から見ているかのようである。この卓上の平板に出現する形は地球表面の姿に見立てることができる。

地球の地盤 ——岩と砂

『星の王子さま』の著者サン・テグジュペリ（1900－1944）は、

乾燥途中の白とグレーの濃淡模様

散水によるリップル状の模様の出現

北アフリカ方面等のパイロットとして長いキャリアを持ち、自伝的小説『人間の大地』には自らの飛行体験に基づく思索がつづられている。その中に飛行機から眺めた地球の姿についての記述がある。

彼が見た地球の本当の姿とは「岩と砂と塩でできた地盤」だった。岩と砂がこの惑星の表面の多くを占め、「河や、木蔭や、人の住まいは幸運が幾重にも重なってようやくできるもの」だという。そのような荒涼とした世界に比べ、水のあるところ、さらには水と緑といのちが息づく場所は幸運なる別世界ということになる。

水が砂を流す現象

この地球の地盤である「岩と砂」を思う時、水が砂を流す現象とは、地球の「水」と「重力」と地盤のかけら「砂」との〈出会い〉であるというふうに見えてくる。それはまた、ものを運ぶことで大地や生命の形をつくり出す水の大きな働きの一つの現われである。水は天地山海をめぐり、あらゆる生命の体の中をめぐっている。木々では樹液が流動し、人体では体液が循環する。めぐる水（環水）が万物を生じ、育んでいるといえる。そのような水流の働きを活かし、水が砂を流す造景を考えたい。

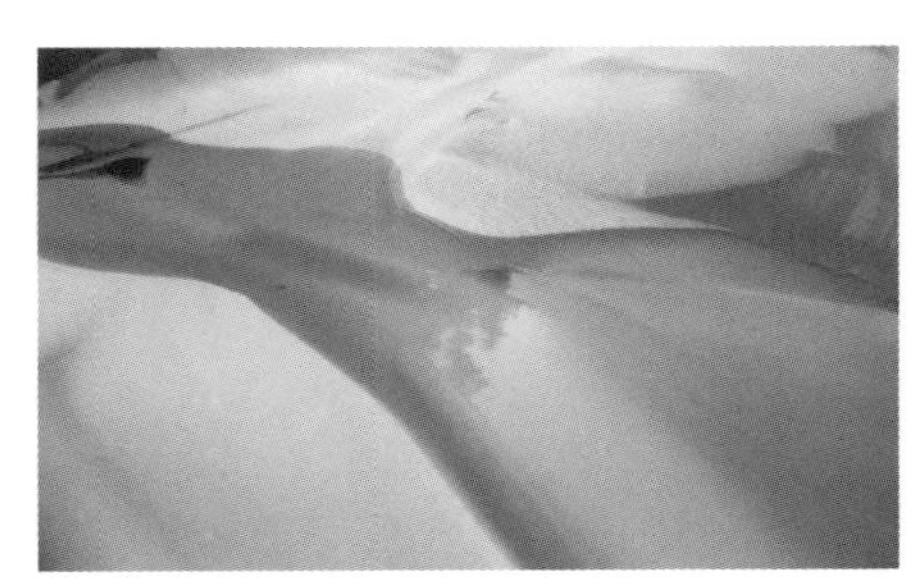

地形の出現
上空から地球の姿を望むようである

水が砂を流す美の世界　ホワイト・ヘブンビーチ
（オーストラリア・ハミルトン島）

7

天地(あめつち)の間(あいだ)に

地表は大地の頂上、天空の底。庭は天と地の間にあり、そこに出現する現象は〈天地の出会い〉と言える。小さいながらも天地の運行、地球の営みとともにある庭、季節のめぐりや晴雨風雪などの気象変化に感応する庭があればと思う。身の回りに普通に見られる現象を活かし、これを入手しやすい素材を使って簡素な方法で実現したい。ここでは「水たまり」に着目し、自然美が出現する庭を考える。

「水たまり」から庭へ

雨が降ると地表面の凹みには水たまりができる。雨粒が美しい波紋を描く。雨上がりには雲間からのぞく青空が映りこむ。天を映す鏡となるのだ。水たまりは、小さいとはいえ天地の間にあって、天地を繋ぐものと言える。

水たまりは、そこに出現している小さな現象から大きな世界とのつながりを思う契機を秘めている。水たまりから発想することで、小さいながらも、天地の間に出現する自然美が宿り、〈天地の出会い〉を体感できる庭ができないだろうか。

地球の営みを招き入れる

狭くても天象や気象の変化、地球の営みを招き入れ、それを感知する場としたい。小さくとも地球とともにつくる心で向かい合える場でありたい。そこで、庭に小さな水たまりをつくり、地球の営みを待ち受ける。

水たまりは、私たちを取り囲む環境の

水たまり──天地を繋ぐもの
空の光や雲を映す鏡となり、雨や風に感応する繊細なキャンバスとなる

波──水面と風の出会い
卓上の水たまりに映る風景が動く抽象画となる

変化に敏感に反応する。雨が描く波紋や天を映す水鏡といった現象の他にも、風による波の発生、太陽光の反射や屈折・ゆらぎ、気温の低下による結氷など水たまりにはいろいろな現象の出現が期待できる。

「水たまり」は地球の営み〈天地の出会い〉を感知する

●水と風との出会い……水と風が出会う時、水面に波が生じる。天地の間を吹き渡る風に感応し、水鏡は動きのあるゆらぎの映像を映し出す。卓上の庭でも風の日に水たまりをつくって待ち受けると、映り込んだ風景が動く抽象画のように変化する様子が間近に鑑賞できる。

●水と光との出会い……水と光が出会う時、水面や水中・水底に、光と影と色彩の現象が生じる。天からやって来た光は水面と出会い、反射して輝き、屈折して七色に分光する。これらの光を水底で受け止める鏡面は水底から見上げた空の光や色を、さらに水面の周囲にあるものの姿を映し出す。水底に白板を置けば波のゆらぎが明暗模様の影となって映し出される。このような現象を活かした光と水の造景が考えられる。

現象出現のための「庭のしくみ」

反射・屈折・ゆらぎ ―水面と光との出会い

〈中空構造〉

庭の中心部分にはものはつくらない。広く開けておく。いわばゼロの状態。そこは、これから描かれる白いキャンバス、これから何かが起きる舞台である。ゼロには逆に大きな可能性があると考える。極小の庭ではあるが、天地の運行、天象・気象の変化とともに何かが現われる。それをとらえ、庭に表わしたい。

庭をゼロに保つには設営のリセットが必要。水に洗われて出現した州浜のように清められた庭であるのが理想である。実際には常に清掃などの維持管理が求められる。

〈地水転換〉

この中空の庭の中心部分に水をためる。常設の池は水が汚れやすく水質管理が難しいため、地面と水面を随時交代させ、地面の庭と水面の庭の両方を味わえるようにする。水田の水管理（水を張る↕抜く）や海浜の潮の満ち干に習うのである。

厳島神社（世界遺産）の社殿は〈地水転換〉する斎庭（自然の干潟ではなく、人工の入り江と言われる）の上に建つ。水上神殿と干潟神殿を転換させ続けて８００年余、奇跡的にその姿を保っている。床下が海中に没しては現れる州浜神殿とも言える。そのため絶えざる維持管理〔社殿周辺の海底に溜った土砂や海藻などを取り除く作業（御洲掘りなど）〕を行なっ

〈地水転換〉
散水して水たまりをつくる

水を働かせることで出現する
消雪模様

雨後の日照で出現した
濡れ乾き模様

〈中空構造〉の庭に現象が出現する

ている。その心に学びたい。

〈**樹下清泉**〉

庭の周りの木が育つと、「このもと（木の本）」の庭となる。樹木は天地を結ぶ柱として庭のシンボルとなる。

垂直要素の樹木と、水平要素の地面と水面が揃い、さらにソノ（園）に囲まれることで、季節の変化を感じ、心が落ち着く安らぎの場となる。パラダイスやガーデンの原義も囲われた空間であったように、樹木や垣による囲みが大切である。

〈地水転換〉によって水を張れば、〈樹下清泉〉の庭に転換し、水面には木漏れ日が輝く。庭は水と木と光の出会いの場となり、癒しの空間となる。

この庭は夏の暑い日に木かげで水遊びができるなど、子どもたちにとっても魅力的な場所となる。〈中空構造〉であることによって、そのような活用が可能となる。

〈地水転換〉による
〈樹下清泉〉の出現

干潟の維持管理（同右）

〈地水転換〉する斎庭（ゆにわ）（厳島神社）

庭の転換へ

「自然美が出現する庭」をめぐってこれまで述べてきたことをもとに、ここでは、〈自由、現象、造景、感知〉をキーワードとして、その目標とする姿についてまとめたい。

①自由の庭

〈完成されていない庭〉

つくられてしまった固定的な庭ではなく、まだつくり終えていない庭。何も描いてないキャンバスが準備されているように、新たな現象や造形を受け入れてくれる庭、そのような庭が欲しいと思う。その都度、自由な創造が可能となる庭でありたい。

〈自由度の高い庭〉

庭の元の姿に立ち戻り、地面・水面から出発する庭を考えたい。古代の庭（ニハ）はいろいろなことを行なうために広く開けてある空間だったということが、現代の庭に自由を与えてくれるように思われる。

水雪の小庭（実験庭園）はそのひとつの提案である。いろいろな変化・活用を受け入れる自由度の高い空間が求めるものである。

② 現象の庭

〈現象を招く〉

野外へ一歩出れば、そこには空からの光があり、雲が浮かび、雨や雪が降り、風が吹く。四季の変化や気象の変化とともに、植物の様子も訪れる動物の種類も変わる。このような自然の働きを庭に取り込む（招く）、今ここに起きる現象を庭の主題とするという発想で考える。狭くても、そこに来訪し、生起するもの、それを大切にしたい。

〈現象を見せるための工夫〉

身近なところに、例えば居間のすぐ外に自然美が出現するような庭。その出現を待ち、それを楽しめる庭があればと思う。そのためには、現象が出現しやすいしくみを準備すること、出現した現象を見る人が魅

ソノ　周辺（額縁に相当）
ニワ　中心（キャンバスに相当）
シマ　ニワに置くもの

自由の庭
中心は広く空けて、自然の変化と人の活用を受け入れる

力を感じるようなしつらえが求められる。現象出現の様相を間近に印象深く観察できるよう、ウッドデッキなど視点場の設定方法が大切である。現象の見せ方、表現の仕方に工夫が必要である。

③ 造景の庭

〈「つくる」と「なる」の関係〉

「つくる」は造形面、「なる」は現象面で、うまく「なる」（現象が立ち現われる）ように「つくる」（庭のかたち・しかけを設定する）ことが必要である。また出現した現象が美しく見えるように「つくる」必要がある。この「つくる」と「なる」の両面をかけ合わせ、自然との〈共働〉による造景をめざしたい。

〈働きかける庭〉

庭に出現する自然美を尊重し、これをできるだけ損なわないようにすることが基本であるが、一方で水の作用や光による効果、常設の設備や仮設的な造形などを加え、庭に働きかけることも求められる。このことによって現象と造形が互いに引き立てたり、設備や造形が新たな現象を引き寄せたりして新たな庭の造景が生まれる可能性がある。この働きかけ（しかけの設定）の方法は重要であり、庭のあり方（性格・表情）

現象の庭
狭くても、水や雪、光と影の現象が生じる

造景の庭
庭への働きかけが新たな現象を呼び込む

を大きく左右する。

〈つくり手の役割の転換〉

このような方法は従来の庭とどのように違うのか。それは、「かたち」をつくるから「しかけ」をつくるへの転換であるといえる。つくり手が表現したい自然の風景を思い描きながらつくり上げるという方式から、「かたち」はおのずから出現する現象に任せ、そのような「かたち」が出現するような「しかけ」をつくる（組み込む、用意する）という方法に切り替えるのである。自然がおのずから美を生成するよう、その手助けをするというのがつくり手の役割となる。

④ 感知の庭

〈自然美を発見する〉

庭に出現する現象の中に美を発見することは喜びである。観察（「みる」こと）を繰り返し、観察力と鑑賞眼を養うことが求められる。

〈自然の変化を感知する〉

個々の観察を重ねることで自然の変化が見えてくる。自然の変化を感知しやすい素材を選んで使うことも有効である。小さな庭でも、地球の営みを

露

霜

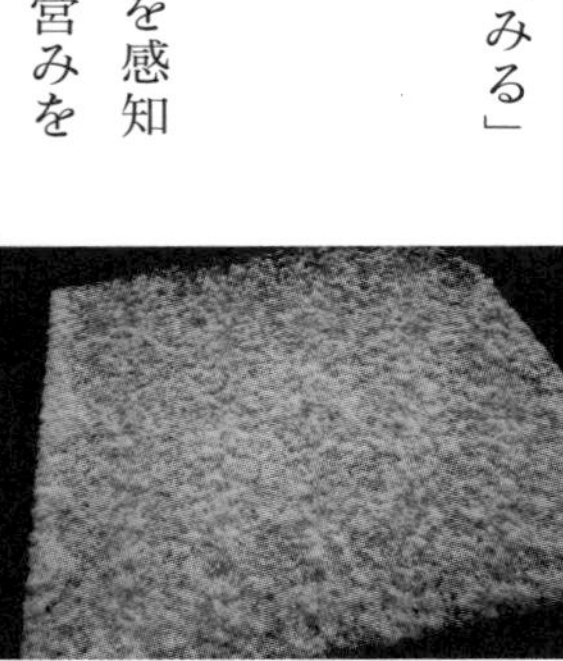

雪

感知の庭

感知し、大きな自然の働きを感得することができる。

〈発見した現象を記録する〉

庭に出現した現象を観察し、写真や映像などの記録として残す（とらえる）。これらの記録を用いて再表現する（第三者に伝わるように「あらわす」）ことで、出現した自然の美しさや変化の様相を人々に伝達することができる。

以上のように、「自然美が出現する庭」に求められるものは〈自由、現象、造景、感知〉の言葉に集約される。

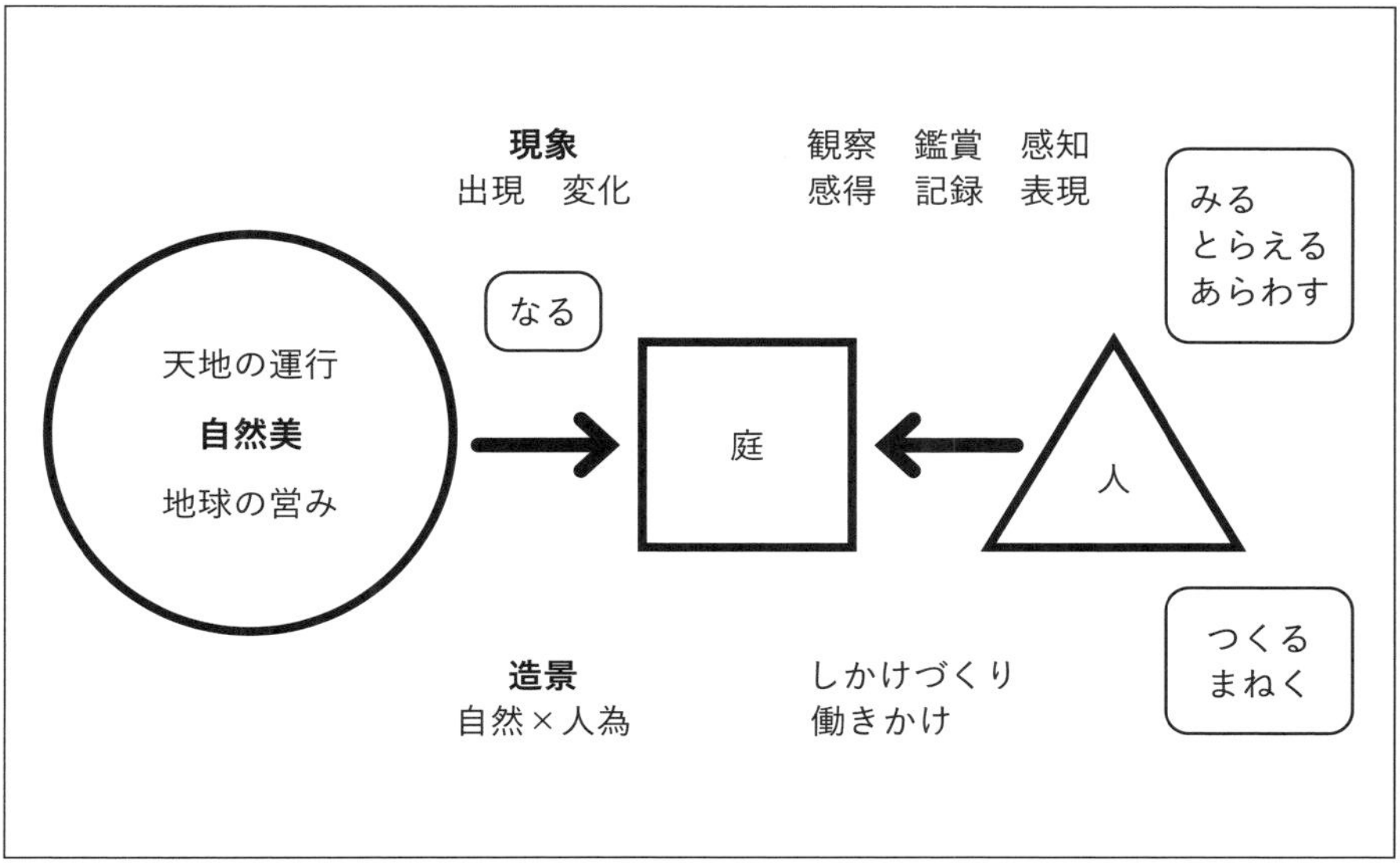

模式図14　自然美が出現する庭の構想（全体のありよう）

第8章　現象のデザイン　――発想と方法

最後に、これまで述べてきた自然現象を活かす造景（現象のデザイン）の発想と方法をめぐって、筆者が大切と考えるところをいくつかの視点からとらえ直しておきたい。

（1）庭と自然　――〈切れ〉と〈つづき〉の視点から

庭は、それがどのような姿のものであれ、自然と何らかのつながりを有している。庭をつくる人が自然と庭の関係をどのようなものとしてとらえるかが、庭のあり方を左右するといえる。

理想郷としての庭園

園の文字は区画された土地に樹木がある意味で、ガーデンもパラダイスも元は囲まれた場所の意味であったといわれている[注1]。

囲むことは外界の自然を切ることである。その囲まれた中には、人々が思い描いた「理想郷」を表現する庭園がつくられてきた[注2]。囲みを極小まで縮めていくと盆景・盆栽のような自然のミニチュアとなる。理想的な自然のイメージは小さな「別世界」に縮められる。「縮景」の手法による造景である。

このような庭園は自然そのものではなく、囲みの中につくられたものの姿に理想の自然を感じるための人為的な「しかけ」だったと言える。

【注1】 ガーデン（garden）は「囲まれた」が原意で、印欧祖語gher-（to enclose）に遡る。パラダイス（paradise）の語源は古代ペルシア語pairidaezaで「囲われた場所、園」の意とされている。

【注2】 日本の古代庭園が表わそうとした理想郷として、外来の仏教思想による須弥山（しゅみせん）や極楽浄土、神仙思想による蓬莱（ほうらい）島（じま）などがあったとされるが、水辺や島を聖地と見る日本人の在来信仰の影響も考えられる。中古から近世の庭園では、当時の文化人が憧れの地と思い描いた、全国各地の歌枕の風景（古来、歌に詠まれ、よく知られた景観）が縮景の手法によって取り入れられた。

石　庭 ――仮の山水と自然の山水

大橋良介氏は『「切れ」の構造』において、竜安寺の石庭を〈切れ〉の造形化の無比の例とし、無機物の石と砂だけを置くことは、天然自然からの徹底した〈切れ〉を意味し、有機的生命とその形はそこで「枯れ」させられる。しかしそこでは石が山の「如く」に、砂が水の「如く」に置かれており、いったんは切れた外界の自然は、技巧の〈切れ〉を通って高次の仕方で蘇り、続く。枯山水と自然の山水とはこの〈切れ・つづき〉の関係にあり、山や川の「如き」山水は、仮の形を通してかえって山水の「真如」注3の自然性をあらわすものとなると述べている。日本庭園の「象徴」の手法の鮮やかな解明である。

庭園はこの世界、すなわち宇宙を象徴するための仮の造形（人為）となり、自然の根源的イメージは人の心の中に立ち現われると言える。

【注3】「真如（しんによ）」は仏教語で、あるがままのことが原義。事物を支える真理（ダルマ、法）、事物の真相（実相）をいう。

借景の庭 ――景の〈切れ〉と〈つづき〉

これに対し、現実に庭の囲みの外に広がる外界としての自然を取り込もうとする志向が働くと「借景」の庭ができる。借景は近景と遠景のつながりをつくり出すが、その際、中間に塀や垣、築山などを置いて近景・遠景の境目を隠す。このような、切ってつなぐ方法によって、岡本太郎の言葉によれば、人工と自然、虚と実の緊張関係が生じ、庭に新たな世界が創造される（第6章2ノスヂ、109頁参照）。

現実の自然の風景を活かしながら、そこに空間の技法によって景の演出（省略＝〈切れ〉や接続＝〈つづき〉などの取捨選択）を行なうことで、見る人に強い印象を与える庭とすることができる。

現代の庭 ――自然らしさの表現

現代では、自然の持つ美しさや快適性（アメニティ）が庭に求められる。現代人の心を癒し、和ませる庭が各種考案されている。雑木林をモデルとする雑木の庭（第５章１自然に習う、57頁参照）や、イングリッシュガーデンをモデルとするガーデニングの庭はその例である。石ではなく植物（樹木や草花）が主役となり、その生育する姿や季節変化が大切にされる。園のかたちの庭であり、虚ではなく実の自然の庭といえる。庭と自然は続くが、同じではない。より自然らしく、印象深く見せるための技巧が、作為を目立たせないように施される。庭園は植物を用いた表現となる。

このような庭では〈切れ〉（技巧）は〈つづき〉（庭の自然）の中に隠されているといえようか。あるいは、〈切れ〉というよりは自然との〈共同作業〉だといえるかも知れない。

現象の庭 ――自然美の出現

本書で紹介してきた自然美出現の庭では、雪、雨、風、光など気象・天象を主役とするため、庭の中心に自然現象が出現するための場（地面、水面、板面や空間的設定など）を用意する。白地のキャンバスのような空白の場の設定が、そこに出現する現象をとらえやすくする。

このような場の設定（面的、立体的、空間的造形）は〈切れ〉に、出現する現象（生動変化する自然による造形）は〈つづき〉に相当するといえようか。自然らしく表現するのではなく、身の回りに潜む自然の美が現象としておのずから立ち現われるよう、場をしつらえて待つのである。ここでも庭は自然と切れてつながるように思われる。

（2）人と自然の役割――〈つくる〉と〈まかせる〉の間

現象のデザインにあたって、人と自然の役割はどう考えればよいのだろうか。

「自然の尊重」と「人の働きかけ」

現象のデザインでは、自然現象として立ち現われるものの形を「尊重する」という基本姿勢と、現象を活かすように「働きかける」造景意欲が大切と考える。どこまでを人が〈つくり〉、どこから先を自然に〈まかせる〉のか、自然と人為の関連性をいかに設定するかがポイントとなる。

庭はいつ完成するか

巧みにつくられた日本庭園であっても、しっくりとした自然らしさが感じられるようになるには時間というものが必要である。いわゆるサビがつくことが求められるのである。つまり、庭師が〈つくる〉という行為の後に、自然に〈まかせる〉ことが加わって本当の庭として完成する。しかし、〈まかせる〉といっても単に自然に放置するのでない。自然の力を活かす操作（管理）が伴うのである。

現象の造景と人為の方法

このように人がつくることが中心の庭にも自然の現象が重なってくる。一方、現象の出現を主眼とする場合は、人はなるべくつくらず、自然につくってもらうようにすることが肝要である。そこでは、〈つくる〉ことと〈まかせる〉ことが一体となり、人と自然の〈共働〉によって作品がつくられる。しかし主役はあくまでも現象としておのずから立ち現われるものの方にあり、人の作為は目立たないのがよい。制作者は現象の出現を手伝う位置に退くのである。その役割は現象がうまく立ち現われるようにしかけをつくること、立ち現われた現象が美しく、効果的に見えるように場をしつらえることである。

現象出現の場の「設計」と「観察」

現象のデザインの制作者はまず現象が出現し変化する場を構想し「設計」する。次に場を設定し、形成の様相を「観察」する役割を担う。

制作者は自分の理想とする風景を表現する人ではなく、世界がそのようにおのずからなることを予測して準備し、場をしつらえてその到来を期待し、その形成を見守る人（観察者）であると言える。おのずから形をなそうとする自然の働きにまかせるための「設計」が求められる。

地球の表面のように見える形の出現

（3）自然美の出現 ――現象を活かすための〈働きかけ〉

では、おのずからなる自然の働きを活かすには、作為の方法はどうあればよいであろうか。

自然に根差した作為の可能性

この点に関し山下久夫氏は、今後必要なのは自然に根差した作為の可能性だという（『本居宣長と自然』）。そのためには自然の力、働きを良く知ることが重要であり、現象としての自然の美を効果的に引き出すための〈働きかけ〉（操作）が求められる。

自然美を救う

大橋良介氏は技術的世界の加速度的な進歩の中で、自然美はますますその場所を失いつつあるようにみえる。自然を救うということは、自然美を救うことだととらえる時はじめて、技術と自然という現代のテーマにも方向性が与えられるであろうと説く（『「切れ」の構造』）。

しかし大橋氏のいう自然とはおのずから然りの意味での自然であり、技術の極限においてもよみがえる可能性を持つ自然であると指摘する。技術の高度化が自然を阻害するのではなく、自然の原理に従い自然をさらに活かすことになる関係がここでは求められている。

自然の力を活かす芸術作品

坂根厳夫（さかねいつお）氏は芸術の一つの方向として、芸術を従来のように恣意的につくり出すのではなく、自然の中に潜む秩序や法則性、自然そのものの力やエネルギーを解放することで作品をつくろうとする姿勢が見られ、科学と芸術の融合をめざした作品が多数見られるようになってきているという（『科学と芸術の間』）。

このような芸術作品はおのずからの自然の原理に従うものであり、現象のデザインの立場から注目したい（第７章４造形と自然、１７６頁参照）。

〈間接的操作〉による働きかけ

自然美が出現するための〈働きかけ〉すなわち作為の方法あるいは操作に関して、雪の造形を例にとると、雪だるまや雪像は人が積雪を固めてつくる造形（表現型造形）である。これに対し自然現象として出現する積雪の美を尊重する造形（現象型造形）では、雪が降り積もる場所や物体（積雪基盤）を工夫する方法や、雪を融かす水（消雪水）の作用を活用する方法による。

これらは人が雪に直接触れずに積雪の形を操作しようとするものであるから〈間接的操作〉と呼べる。この方法では出現する形を全て操作することはできず、その時の気象条件や積雪の物理的変化に〈まかせる〉部分が残る。し

間接的操作による自然美の出現

かし、そこに人為を越えた天然の現象の出現を期待するのである（第7章3自然と人為、168頁参照）。現象のデザインでは、この〈間接的操作〉の方法が有効と考えられ、主題とする現象がおのずから美しく出現するよう操作方法を工夫する必要がある。

操作の対象と時期

現象の出現そのものについて、これを全て自然に〈まかせる〉方法（自然発生型）と、人為的に発生させる方法（人為的発生型）がある。

「自然発生型」では、現象の発生時期は操作できない。例えば、第5章4の「雪見の庭」の場合では、天気予報で予測はつくものの、実際にいつ雪が降るかは特定できない。積雪の形に対する〈間接的操作〉として、積雪基盤となるにふさわしい場所や造形をあらかじめ用意しておくこと（前段階操作）、降雪時に消雪水を働かせること（同時的操作）が可能である。

「人為的発生型」では、操作によって発生時刻を特定できる。例えば、第5章3の「霧のパフォーマンス」の場合は、霧の素材となる微細の水滴は機械設備によってつくり出し、その後の霧の動きは風に〈まかせる〉方法である。人為が先で、これに現象が加わるのである。

（4）自然の探求　──形成の原理を〈とらえる〉

自然の原理に叶った操作によって、自然美を引き出すためには、出現する現象をよく見て、その形成の原理を〈とらえる〉ことが求められる。このことはどのようにして可能となるであろうか。

ゲーテの自然研究

自然の現象のうちに立ち現われるものを、科学と芸術の境界領域ともいうべき地点において学問的探求を続けた人にゲーテ（１７４９─１８３２）がある。形態学を創始したのはゲーテであったし、その膨大な色彩論はゲーテ自身、かのファウストよりも重要な著作と考えていたという。ゲーテは自然研究者でもあったのである。

ゲーテの自然研究における自然とは豊かなる生命を宿した緑なす自然であり、そうした自然の生きた「すがた」を〈とらえる〉ことこそが、彼の自然研究の第一の眼目であったと言われる（高橋義人『形態と象徴──ゲーテと「緑の自然科学」』／以下のゲーテに関する記述はこの書によるところが多い）。

自然の動的把握

ゲーテの提唱した形態学とは、自然の構造の静的把握から動的把握への転換を意味しており、生成するものの生きた形を統一的にかつ動的に、すなわち過程（プロセス）としてとらえようとする学問であったといわれる。

◆ひとたび形成されたものもたちどころに変形される。だから自然の生きた直観に到達しようとするならば、我々自身、自然が示してくれる実例に倣って、形成を心がける動きに満ちた状態に身を置いていなければならない。

――『形態学論考』誌序

このようなゲーテの言葉は、いかに彼が自然の中にあらゆるものの形を生み出す動的な力を見ようとしたかということを示している。「形態の動的把握」ということこそゲーテの方法の大きな特色であったと言える。

形成のプロセスを体験する

そのような動的な自然把握のための方法として大事なのが、自然の動的変化を感知する状態に身を置くことである。具体的には、ものの形が形成されるプロセス、その発生・成長・成熟、変形などを観察やイマジネーション、あるいは芸

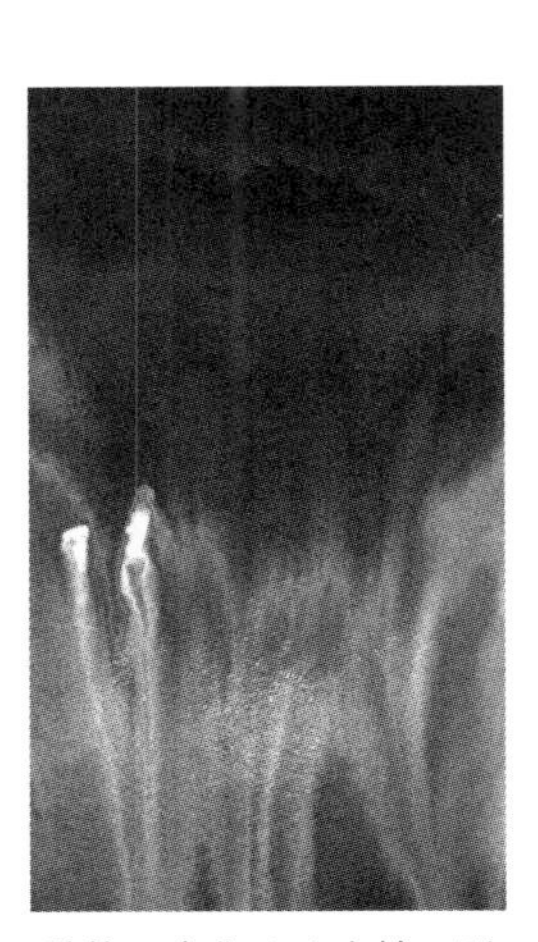

動的に変化する水絵の形

動的に変化する自然の観察

動的に変化する板庭の形

術的な造形行為によって繰り返し内的に体験することである。つまり、生き生きと動的に変化するものの形を自分の目で見る体験を繰り返し、創造の瞬間に立ち会っているという喜びの感情を心に注ぎ込むことである。

このようにして生命や形ある物の変化のプロセスを辿ることによって自分自身の内的な魂に活気が与えられる。動的な現象に触れ、目と心をトレーニングすることで自然の変化を感知し、自然の力を感得する能力を高めることができるようになる。このような方法によって、自然が行なう形成の原理が見えるようになる。

ゲーテの自然研究と現代芸術

ゲーテはなぜ自然研究に向ったのか。それはゲーテにおいては一般の常識に反して、芸術と科学は別々のものではなく、ともにこの世界、とりわけ生きて働く自然を認識するための方法という意味を有していたからであると考えられている。

向井周太郎氏は、ゲーテと近代造形思考との関連についての文章の中で、現代芸術における自然の根源的イメージの探求のかなたに「ゲーテにつながる自然観照の生きいきとした」姿が見えてくると述べている（『かたちのセミオシス』）。

ゲーテの自然科学が、現象として出現してくる自然、この目で見ることができる具体の自然のフォルムの形成に関する学問であったという点で、現代美術における自然探求とつながるものがあり、また現象のデザインとの接点もあるように思われる。

現象のデザインによって出現した自然美を見ることにはどのような意味があるのだろうか。

(5)自然を学ぶ ――〈観察・共感・よろこび〉

観察・共感・よろこび

アメリカの植物・園芸学者ベイリ(1858―1954)には『自然学習の思想』という著作がある。百年以上も前の本であるが、この中には、自然の見方や自然に対する態度などについて今も傾聴すべき言葉が記されている。

ベイリは自然を学ぶには二つの目標があるという。一つは新しい真理を発見することを目的とするもの、つまり科学を教えるものであり、もう一つは、生徒の生活の〈よろこび〉を増すために自然に対する共感的な態度を育てることをねらいとするもので、これが自然学習であるという。その目的は、全ての人が、その職業を問わず、より豊かな生活ができるようにすることであるという。

◆我々の世界がわれわれにとって生き生きとしたものとなるように、全ての感覚が訓練され、調整されるべきである。そうすればわれわれは真の感受性を持つのである。

そのためには、身の回りの簡単な〈観察〉から始めること、本や理論からではなく実際の経験から学ぶこと、季節の移り変わりを教材とすること、動き生きている自然全体を学ぶことなどが大切だといっている。

ベイリの主張の要点は、身近な自然に触れ合うことを通して、自然への愛や自然に対する共感的な態度を育むこと、このことが子どもの教育にとって必要であり、大人にとっても人生を豊かにしてくれる心のあり方だということである。

現象のデザインの観点からは、この自然学習のねらいが、子どもや一般の人たちが身の回りの自然の〈観察〉を通して自然への〈共感〉を育み、生活の中に〈よろこび〉を感じられるようにするところにあるという点に注目したい。

(6) 身近な現象――〈あたりまえ〉の中の〈ふしぎ〉

身の回りの光や色の現象

宇宙物理学者の桜井邦朋氏は、私たちは日頃光に取り囲まれて生活を営み、それが〈あたりまえ〉と思っているが、自然の中にみられる光や色の現象は実に〈ふしぎ〉なものであるという。

◆白い雲も、真っ赤になって沈む太陽も、また青い空も、すべて太陽が地球へと送り届けてくる光が、地球の環境との相互作用を通じてつくり出したものである。自然光のままでは、太陽そのものと同じにほとんど真白なのに、事物との出会いが色をつくり出している。自然の不思議さを感じさせられるのは私一人だけではないであろう。

（『自然の中の光と色』）

眼のはたらき

私たちが毎日目にしている身の回りの光や色の現象も、太陽と地球との出会いによって生じており、それを目が感知する。目とは地球の生物が長い進化の過程で太陽の光を見るために発達させてきたものであったといわれる。このことについてゲーテは次のように書いている。

◆**眼が眼であるのは光のおかげである。動物の取るに足らない補助器官のなかから、光は光と同一な一つの器官をつくり出した。つまり内なる光が外なる光に呼応すべく、眼は光のもとで光のために自らを形成したのである。**

（高橋義人『形態と象徴』）

日の光の下で物が見えるという〈あたりまえ〉のことの中に、実は太陽と地球と自分を結ぶとてつもなく深く永いかかわりがあるのだということになる。

物が見えること ──二つの出会い

物が見えるということは、太陽光と地球環境との出会い（相互作用）と、そこに発生する現象と私たちのいのち（地球生命）のはたらき（眼）との出会い、この二つの出会いによってもたらされている。

光だけでなく、雨が降ること、風が吹くことの中にも〈ふしぎ〉がある。現象のデザインの立場からは、この〈あたりまえ〉の中に〈ふしぎ〉を感ずる心を大切にし、身近な自然の観察と発見の場としての庭のあり方を考えたい。

身近な自然の観察と発見の場としての庭

現象のデザイン（まとめ）

〈造景の分野と「自然・人為・造景」の関係〉

造景の分野			自然＝現象の出現 （身の回りのできごと …地球の現象）	人為＝間接的操作 （素材・形態、空間構成など …場の設定）	⇒現象の造景 （自然と人為の共働 …自然美の出現）
気象	水（雪）		雲→降雪→積雪	積雪基盤（造形） 消雪水 場の空間構成	基盤上の積雪 消雪模様、水上冠雪 などによる雪景美
	水（氷）		気温（零下）→氷結	氷結の基盤・造形 湛水・散水	基盤に応じた氷結 面氷、氷柱
		霜	水蒸気→降霜	霜が降りる基盤	基盤上の霜
	水（雨）		雲→降雨	雨を受ける基盤 水たまり	濡れ乾き、水面、水流 波紋、水鏡
		露	水蒸気→結露	結露の基盤	露（水玉）
	風		気圧→風（気流）	霧の発生（機械設備） 場の空間構成	霧の動き 気流の可視化
				風に感応する造形 水面	造形の動き 水面の動き（波）
天象	光（日）		太陽→地球に届く光 →光と影、物の色	光を受ける物質・物体 （地面、水面、水中）	自然光と「もの」による 光と影 反射・屈折・ゆらぎ
	空		太陽、地球（大気） →光・色・形 →雲	空を見る視界・水面・鏡	空や雲を見る造景
地象	木（緑）		植物の生命力・水・土 →発芽・生育	発芽・生育のための基盤	自然樹形による 樹景美
	土	地	原地形、風雨 →地形（自然美）	地形を隠す植物の整理	地形の自然美
		州	土砂・水流（水・重力） →地形（州）	土砂（粘土）、基盤、水流	州浜形の造景

※ 造景の分野としてはさらに多くのものがあると思われるが、ここでは本書の中で紹介したものを中心にとりまとめた。

引用・参考文献

■引用文献

森　蘊『作庭記の世界　平安朝の庭園美』ＮＨＫブックス、１９８６年
小形研三『業楽一体』日本造園タイムス社
前田常作『曼荼羅への旅立ち』河出書房新社、１９７８年
森　正秀『マンダラ事典』春秋社、２００８年
中谷芙二子『霧』editions anarchive、２０１２年
佐佐木信綱 編『新訂　新訓万葉集』岩波文庫、１９８８年
多田一臣『万葉語誌』筑摩書房、２０１４年
いずみ おきなが『コトダマの世界』社会評論社、１９９１年
松岡静雄『日本古語辞典』刀江書店、１９６３年
白川　静『中国古代の民俗』講談社学術文庫、１９９６年
岡本太郎『日本の伝統』講談社現代新書、１９７３年
坂本太郎ほか（校注）『日本書紀』岩波文庫、１９９５年
倉野憲司（校注）『古事記』岩波文庫、１９７９年
大林太良『日本神話の起源』角川選書、１９７８年
ミルチャ・エリアーデ 著、風間敏夫 訳、『聖と俗』法政大学出版会、１９７８年
土橋　寛『古代歌謡と儀礼の研究』岩波書店、１９６５年
古代語誌刊行会 編『古代語誌　古代語を読むII』桜楓社、１９８８年
芭蕉「奥の細道」、富山奏（校注）『芭蕉文集』新潮社、１９７８年
佐佐木信綱（校訂）『新訂　新古今和歌集』岩波文庫、１９５９年
西郷信綱『古事記の世界』岩波新書、１９６７年
柳田國男「桃太郎の誕生」『定本柳田國男集第八巻』筑摩書房、１９８２年

佐伯梅友（校注）『古今和歌集』岩波文庫、１９８１年
谷崎潤一郎『陰翳礼讃』中公文庫、１９７５年
岡田荘司ら 監修『現代人のための祝詞―大祓詞の読み方―』右文書院、２００２年
白川　静『甲骨文の世界』平凡社東洋文庫、１９８７年
白川　静『漢字』岩波新書、１９８３年
白川　静『漢字百話』中公新書、１９８７年
白川　静「遊字論」『文字逍遥』平凡社、１９９４年
次田香澄（校訂）『玉葉和歌集』岩波文庫、１９８９年
次田香澄、岩佐美代子（校注）『風雅和歌集』三弥井書店、１９８５年
奥村恒哉（校注）「金葉和歌集」『八代集３』平凡社東洋文庫、１９８７年
倉前盛通『自然観と科学思想』南窓社、１９７６年
中村俊定（校注）「笈の小文」『芭蕉紀行文集』岩波文庫、１９７１年
鎌田茂雄『観音の来た道』講談社現代新書、１９９７年
新藤武弘『山水画とは何か』福武書店、１９８９年
斎藤泰三『英国の水彩画』彩流社、１９７８年
矢代幸雄『水墨画』岩波新書、１９８４年
荒川正明「やきものに込められた聖性」『神道文化　第十七号』神道文化会、２００５年
ロジェ・カイヨワ 著、山口三夫 訳『自然と美学　形体・美・芸術』法政大学出版会、１９７２年
大岡　信『抽象絵画への招待』岩波新書、１９８５年
三谷　徹『風景を読む旅　20世紀アメリカのランドスケープ』丸善、１９９０年
山本晃一『沖積河川学』山海堂、１９９４年
テオドール・シュベンク 著、赤井敏夫 訳『カオスの自然学』工作舎、１９９３年
サン・テグジュペリ 著、渋谷豊 訳『人間の大地』光文社古典新訳文庫、２０１５年
沖縄古語大辞典編集委員会編『沖縄古語大辞典』角川書店、１９９５年
日本地誌研究所『地形学辞典』二宮書店、１９７７年
大橋良介『「切れ」の構造』新潮社、１９８６年
山下久夫『本居宣長と自然』沖積社、１９８８年
坂根厳夫『科学と芸術の間』朝日新聞社、１９８６年

高橋義人『形態と象徴―ゲーテと緑の自然科学』岩波書店、１９８８年
ゲーテ 著、高橋義人 編訳、前田富士男 訳『自然と象徴―自然科学論集』冨山房、１９８２年
向井周太郎『かたちのセミオシス』思潮社、１９８６年
ベイリ 著、宇佐見寛訳 訳『自然学習の思想』明治図書、１９７２年
桜井邦朋『自然の中の光と色』中公新書、１９９１年
村瀬　学『宮崎駿再考』平凡社新書、２０１５年

■参考文献

〈自然・科学〉

松井孝典『新編　地球進化論』岩波現代文庫、２００８年
武田喬男『雨の科学』講談社学術文庫、２０１９年

〈芸術・美学〉

ロジェ・カイヨワ 著、岡谷公二訳『石が書く』新潮社、１９７５年
荒川正明『やきものの見方』角川選書、２００４年
ルドルフ・シュタイナー 著、西川隆範 編訳『シュタイナー　芸術と美学』平川出版社、１９８７年

〈風景・文化〉

太田昌子『松島図屏風　座敷から続く海』平凡社、１９９５年
東京国立博物館 他 編集『室町時代の屏風絵』朝日新聞社、１９８９年
小松茂美『平家納経』戎光祥出版、２０１２年
上條耿之介『日本紋様事典』雄山閣、１９８１年
郡司正勝『風流の図像誌』三省堂、１９８７年
柳田國男『海上の道』岩波文庫、１９７８年
金井典美『湿原祭祀』（ものと人間の文化史24）法政大学出版局、１９７７年
薬師寺慎一『聖なる山とイワクラ・泉』吉備人出版、２００６年

〈古語・漢字〉

古橋信孝 編『ことばの古代生活誌』河出書房新社、１９８９年
犬飼公之『影の古代』桜楓社、１９９１年

犬飼公之『影の領界』桜楓社、１９９３年
白川　静『中国古代の文化』講談社学術文庫、１９７９年
白川　静『漢字の世界１、２　中国文化の原点』(平凡社東洋文庫、１９７６年
〈雪景・現象〉
埴生雅章「雪景の形成手法に関する研究」『緑地学研究№.14』東京大学農学部緑地学研究室、１９９４年
埴生雅章「〈雪を活かした公園づくり〉への挑戦」『緑の読本29　特集：冬の公園』公害対策技術同友会、１９９３年

あとがき

現象を活かす造形の世界というものがあることを知ったのは、水絵を描くことによってであった。「にじみ」の現象によって、画用紙の上にさまざまな形が次々に出現し変化するさまに心が吸い込まれた。それは目には驚き、心には一つの救いであった。

現象の造形を実務として体験したのが、自然に降り積もる雪を冬の都市公園に活かそうとする富山県のプロジェクト「雪美の庭」であった。この仕事をもとに、雪景色のデザイン（雪景の形成手法）に関する研究を進め、現象の造景ということの意味や原理を考えた。

やがて、光、雲、風、水、土、雨、露、霜、雪、氷など、身近なところに普通に見られる現象を小さな庭や卓上、板上に招き、そこに出現するものを通して大きな自然――地球の営み――を感知する、そのような庭ができないかと思うようになった。初めに抱いたぼんやりとした思いは、試行・制作を重ねるうちに徐々にはっきりとしたものになっていったように思われる。

そんな時、宮崎アニメに貫かれている「石」や「風」や「星」へのこだわりに着目して書かれた村瀬学氏の『宮崎駿再考』を読み、その中にある、「『半径３ｍ』という小さな『日常の出来事』の中に『地球の出来事』を感知する大きな視座がある。」「私たちにこれから求められるものは、『日常感覚』を通して『地球の動き』を感知する『地球感覚』ではないか」という言葉に大いに感銘し勇気づけられた。私が考える「自然美が出現する庭」は、まさに小さな場所でそのような「地球感覚」の庭をめざすものであったことにあらためて気づかされた。

そのような庭において、自然美を求めて「つくる」こと、そこに出現したものを「見る」こと「考える」ことで、地球の動きや変化に向き合いたいと思う。さらには日本文化の中に組み込まれている自然美に対する感覚を取り戻すことができればと考える。

これまで、富山県での公園づくりを通して現象の造景という分野の仕事をいくつも経験する幸運に恵まれたこと、造園・建築・美術などの先達の方々から貴重なご教示を賜わることができたこと、先学の著作からもたくさんのことを学ばせていただいたことに対し、心から感謝したいと思います。

今回の出版に際しては建築家の仙田満氏（環境デザイン研究所）に出版社紹介の労を取っていただき、萌文社の永島憲一郎氏、青木沙織さんには編集から本としての仕上げまで随分と御骨折りいただきました。ここに記して感謝申し上げます。

著　者

埴生 雅章
はにゅう まさあき

1948年、富山県小矢部市生まれ。

1972年、東京大学農学部を卒業（緑地学専攻）。

1973年、富山県庁に勤務。以来2008年まで、県職員（都市計画課長、土木部長等）として富山県民公園太閤山ランド、富岩運河環水公園などの計画と事業に携わる。

1993年、博士〔農学〕（雪景形成手法研究）。

2008〜2015年、（公財）富山県民福祉公園副理事長。

現在、「アートハウスおやべ」のアートプロデューサーや小矢部市芸術文化連盟会長の職にある傍ら、絵画・現象造景の制作を行なっている。また、木曾義仲祈願社として知られる埴生護国八幡宮の宮司を1986年から務めている。

埴生雅章
現象のデザイン
——自然美が出現する庭をつくる——
2020年10月30日　初版発行

発行所　萌文社
発行者　谷 安正
〒102-0071
東京都千代田区富士見1-2-32ルーテルセンタービル202
TEL　03-3221-9008
FAX　03-3221-1038
メール　info@hobunsya.com
URL　http://www.hobunsya.com/
郵便振替　00910-9-90471
表紙・口絵　アド・ハウス（椙澤清次郎）
印刷製本　音羽印刷株式会社
ISBN 978-4-89491-382-0

好評発売中

http://www.hobunsya.com/

津波被災集落の復興検証
―プランナーが振り返る大槌町赤浜の復興

窪田亜矢、黒瀬武史、上條慎司［著］
萩原拓也、田中暁子、益邑明伸、新妻直人

●A5判・並製・口絵カラー／三一二頁／本体二八〇〇円＋税

岩手県大槌町赤浜集落を対象として、津波被災集落の復興計画の変化を、プランナーの立場から検証。被災前の集落の暮らしや被災地となった現場をふまえ、計画当初と現行計画の違いを明らかにし、復興計画の到達点と課題を論じる。

ISBN978-4-89491-367-7

すべての子どもに遊びを
―ユニバーサルデザインによる公園の遊び場づくりガイド

柳田宏治、林卓志、矢藤洋子［著］

●B5判・並製・オールカラー／一二八頁／本体二五〇〇円＋税

ユニバーサルデザインの専門家や特別支援学校の教員たちが利用者のニーズに基づき10年にわたる活動の成果をまとめたもの。障害のある子もない子もあらゆる子どもが夢中になって遊べるインクルーシブな公園づくりのヒントが満載。

ISBN978-4-89491-335-6

「空間」を「場所」に変えるまち育て
―まちの創造的編集とは

北原啓司［著］

●A5判・並製・口絵カラー／一七〇頁／本体二〇〇〇円＋税

都市計画や住宅政策の専門家である著者が、学生や地域住民との「まち育て」の実践を通して何が大切かを探る。まちを大きくするのではなく、一度形づくられた都市を改めて創造的に見直し「編集」していく重要性を提示する。

ISBN978-4-89491-353-0

まち保育のススメ
―おさんぽ・多世代交流・地域交流・防災・まちづくり

三輪律江、尾木まり［編著］
米田佐知子、谷口新、藤岡泰寛、松橋圭子、田中稲子、稲垣景子、棒田明子、吉永真理

●A4判変型・並製／一二〇頁／本体二〇〇〇円＋税

都市計画や保育の専門家たちによって「子ども」と「まち」との関係性をテーマにした調査研究と、「保育施設」によるさまざまな地域資源の活用成果の実態調査に基づいて、新しく「まち保育」という言葉を概念化してまとめた意欲作。

ISBN978-4-89491-332-5